# ÉLÉMENS

DE LA

# GRAMMAIRE HÉBRAÏQUE.

# ÉLÉMENS

DE LA

## GRAMMAIRE HÉBRAÏQUE,

PAR

J. E. CELLERIER FILS,

PASTEUR, ET PROFESSEUR DE LANGUES ORIENTALES, CRITIQUE ET ANTIQUITÉS SACRÉES, A L'ACADÉMIE DE GENÈVE.

SUIVIS

DES PRINCIPES DE LA SYNTAXE HÉBRAÏQUE, TRADUITS LIBREMENT DE L'ALLEMAND DE

WILHELM GESENIUS.

GENÈVE,

Chez { SESTIÉ FILS ET C.ᵉ, IMPRIMEURS-LIBRAIRES.
       MANGET ET CHERBULIEZ.

1820.

IMPRIMERIE DE SESTIÉ FILS.

# PRÉFACE.

Je n'ai point la ridicule prétention d'offrir au public une Grammaire Hébraïque, supérieure à celles qu'on possède en allemand et en latin. J'ai voulu plutôt contribuer à faire connaître les principes et les méthodes qui, depuis moins d'un siècle, ont fait prendre en Allemagne un si grand essor à l'étude de l'hébreu; développer, à l'imitation de Schrœder et de Gesenius, les rapports et les analogies qui, dans la méthode Masoréthique, lient réellement entr'eux les divers élémens de la langue sainte, et de l'existence ou de l'utilité desquels nos vieilles grammaires ne paraissent pas même se douter. Qu'on ne s'étonne donc pas de reconnaître ici quelquefois les théories des grammairiens allemands, combinées entr'elles, il est vrai, restreintes à ce qu'elles ont de plus certain, et souvent considérées sous un point de vue nouveau. Au lieu d'avoir la présomption de me créer une marche entièrement nouvelle, ne devais-je pas, en effet, recueillir pour mes disciples tout ce que les ouvrages des Hébraïsans modernes présentaient de plus utile, de plus méthodique et de plus assuré ? C'est d'après le même principe, qu'au lieu de composer moi-même une syntaxe nécessairement imparfaite, j'ai cru ne pouvoir mieux faire que de traduire celle de Gesenius, et de l'imprimer à la suite de cette grammaire qui en deviendra plus complète et plus utile.

J'ai voulu en second lieu faire quelque chose d'approprié à la forme et à la durée de l'enseignement dans notre Académie. Pour cela, j'ai cherché à rendre mon travail aussi court qu'il était possible qu'il le fût sans cesser d'être méthodique. J'ai réservé les développemens pour ces théories qui ont l'avantage de parler à l'intelligence ; j'ai abrégé ou supprimé les règles nombreuses ou peu utiles, par lesquelles on s'efforce de déterminer certains sujets moins importans, et qui, rebelles à toute marche méthodique, n'exercent que la mémoire et l'exercent avec peu de fruit,

Par la même raison j'ai été engagé à disposer cet ouvrage, non pas tant dans l'ordre le plus philosophique, que dans celui qui devait paraître à l'étudiant le plus simple et le plus facile. Cela m'a conduit, malgré mon penchant bien prononcé, à préférer, dans quelques cas particuliers, des méthodes *artificielles*, plus vîte comprises et plus aisément retenues, à des méthodes *naturelles* qui n'avaient pas cet avantage. Ma grammaire y aura perdu, peut-être, mais mes étudians y gagneront (1).

Ce travail composé depuis quelque temps, et perfectionné par un enseignement continu de plusieurs années, devait paraître en latin. Je me suis décidé à le traduire en français, dans l'espérance qu'il pourrait être utile à un plus

---

(1) C'est, par exemple, ce qui m'a déterminé à renvoyer toutes les affixes à un chapitre particulier ; à les diviser ensuite d'après leur place, et non d'après leur sens ; à renvoyer à la fin de l'ouvrage tout ce qui concernait les variations des voyelles, etc.

grand nombre de personnes. Qu'on ne se hâte point d'appeler cette supposition, chimérique et présomptueuse; je sais tout ce qui manque à mon ouvrage, et tout ce qui me manque à moi pour le rendre meilleur; mais il est de fait que l'étude de l'hébreu, comme celle des autres langues orientales, reprend en beaucoup de lieux une nouvelle vie. La société biblique anglaise et étrangère, couvrant le monde entier de ses presses et de ses traducteurs, ranime partout la science des livres saints. Dans tous les pays chrétiens on fait à cette heure des traductions de l'hébreu en langues modernes, ou même de langues modernes en hébreu. Dans cet état de choses, quelque imparfaite que fût cette grammaire, j'ai cru devoir la rendre d'un usage aussi facile que possible. La probabilité qu'elle trouve jamais des lecteurs auxquels la langue latine serait peu familière, est bien petite; mais il suffit qu'elle existe pour me décider. Heureux, si je pouvais contribuer ainsi à étendre l'étude des saintes lettres, et l'habitude de chercher leur véritable signification dans la langue originale, et non dans des versions toujours fort imparfaites! Heureux surtout, si cette grammaire pouvait être pour mes étudians un secours réel, et une cause efficace de progrès! C'est à eux que j'aime à rapporter tous mes travaux; c'est leur pensée qui s'associe habituellement à toutes mes recherches, à toutes mes méditations; c'est leur zèle et leur succès qui seront toujours ma plus douce récompense. Daigne le Dieu qui me chargea de guider quelques-uns de leurs pas dans l'étude des choses saintes, de les préparer de la sorte aux fonctions de MINISTRES DE CHRIST, leur rendre utile cet ouvrage que j'ai eu tant de plaisir à composer pour eux, et faire tourner à sa gloire leurs travaux et les miens!

# AVERTISSEMENT.

Le lecteur est prié de consulter avec soin les additions et corrections imprimées à la fin du volume.

Les commençans peuvent omettre à une première lecture les paragraphes précédés d'un astérisque et imprimés en plus petits caractères.

Le défaut de caractères typographiques n'a pas permis d'imprimer les accens.

# ÉLÉMENS

DE LA

# GRAMMAIRE HÉBRAÏQUE.

## CHAPITRE PREMIER.

SIGNES ÉLÉMENTAIRES.

### SECTION I.

*Des lettres de l'alphabet.*

1. Les livres hébreux sont écrits de droite à gauche, particularité qui se retrouve dans toutes les langues sémitiques, à l'exception de l'éthiopien. Les vingt-deux lettres employées dans l'écriture hébraïque, paraissent avoir été empruntées des Chaldéens, adoptées par les Juifs pendant la captivité, et rapportées ensuite en Palestine.

2. Ces lettres sont toutes, et par erreur peut-être (n.º 6), regardées comme des consonnes. Les voyelles sont indiquées par des signes particuliers ou *points* placés au-dessus, au-dessous, ou au-dedans de la ligne (n.º 10).

3. Voici les vingt-deux lettres de l'alphabet.

| Figure. | Nom. | Prononciation. | Valeur comme chiffre. |
|---|---|---|---|
| א | Aleph | aspiration légère | 1. |
| ב | Beth | B et plus souvent V | 2. |
| ג | Gimel | G | 3. |
| ד | Daleth | D | 4. |
| ה | He | aspiration H | 5. |
| ו | Vau | V | 6. |
| ז | Zaïn | Z | 7. |
| ח | Cheth | aspiration plus forte, Ch des Allemands | 8. |
| ט | Teth | T | 9. |
| י | Jod | J consonne | 10. |
| כ | Caph | K, C, se prononce presque comme s'il était suivi d'un I, כבד *KIAVAD* | 20. |
| ל | Lamed | L | 30. |
| מ | Mem | M | 40. |
| נ | Nun | N | 50. |
| ס | Samech | S | 60. |
| ע | Aïn ou Gaïn | aspiration gutturale d'une grande force, propre aux langues de l'Orient, et qui paraît avoir quelque affinité avec le G | 70. |
| פ | Pe | P se prononce plus souvent Ph. | 80. |

| Figure. | Nom. | Prononciation. | | Valeur comme chiffre. |
|---|---|---|---|---|
| צ | *Tsade* | Ts. | | 90. |
| ק | *Quôph* | Q | | 100. |
| ר | *Resch* | R | | 200. |
| ש | *Schin* ou *Sin* | S | Sch. | 300. |
| ת | *Thau* | Th | | 400. |

4. כ מ נ פ צ } s'allongent à la fin des mots, et prennent cette forme : { ך ם ן ף ץ

5. א ה ל ם ת } s'élargissent quelquefois à la fin d'un mot pour achever de remplir la ligne, l'usage ne permettant pas de partager les mots. Ces lettres prennent alors cette figure ci :

6. Les lettres א ה ו י sont nommées *mères du discours* ( matres lectionis ). On remarque entr'elles une affinité générale, et une plus particulière entre quelques-unes d'entr'elles. Dans toutes les langues sémitiques, quelques-unes sont fréquemment remplacées par d'autres; souvent il arrive ou qu'elles ne se prononcent point, ou qu'elles servent de voyelles ( n.º 7 ).

7. Les langues sémitiques ramènent toutes les voyelles à trois sons principaux, ou si l'on veut, à trois classes distinctes. La 1.$^{re}$ comprend A,

quelquefois E ou AE ; la 2.ᵉ E et I ; la 3.ᵉ O et U. Or, les trois mères du discours א, י et ו ont une affinité évidente avec ces trois classes, et dans l'origine n'étaient peut-être elles-mêmes que les trois voyelles fondamentales.

* C'est ainsi que les Arabes n'ont que trois signes pour exprimer les voyelles, et ces signes sont précisément analogues à ces trois lettres et à ces trois classes. Le *Fatha* qui se prononce A ou E, le *Kesra* qui se prononce E ou I, le *Damma* qui se prononce O ou U.

8. א ה ח ע sont *gutturales*.
ב ו מ פ *labiales*.
ג י כ ק *palatales*.
ז ס צ ר ש *dentales*.

9. On dit que les mères du discours *se meuvent* ou sont *mobiles* quand elles se prononcent ; par contre qu'elles sont *quiescentes* ou *se reposent* quand elles ne se prononcent pas, ou quand elles ne se prononcent que comme des voyelles. On dit qu'elles sont *quiescentes* en certaines voyelles, lorsqu'accompagnées de ces voyelles, elles servent à prolonger leur son, et ne se prononcent point elles-mêmes. Ainsi ו se prononce simplement ô, י ou, יִ i, אָ â, etc. ( n.º 31, 32, 33, 34 ).

## SECTION II.

### *Des points-voyelles.*

10. Les points voyelles ( n.º 2 ) se placent au-dessus, au-dessous ou au-dedans des lettres, et se divisent en trois classes relatives à trois sons ( n.º 7 ).

11. Voici le tableau des points-voyelles :

1.<sup>re</sup> classe, son A ( analogue à la lettre א, et à la voyelle *Fatha* des arabes ).

Voyelle longue : ־ *Kamets*. Se prononce â.

Voyelles brèves : $\begin{cases} \text{― } Patach & \text{a.} \\ \text{― } Ségol & \text{æ.} \end{cases}$

2.<sup>e</sup> classe, son E et I ( analogue à la lettre י et à la voyelle *Kesra* des arabes ).

Voyelles longues. $\begin{cases} \text{― } Zéri. \text{ Se prononce è.} \\ \text{(le Ségol trouve encore} \\ \text{placé ici avec le son ê.)} \\ \text{י― } Chirec\ long \qquad î. \end{cases}$

Voyelle douteuse. ― *Chirec court*. Se prononce i.

3.<sup>e</sup> classe, son O et U ( analogue à la lettre ו et à la voyelle *Damma* des arabes ).

Voyelles longues. { וֹ ou ‾ *Cholem.* Se prononce ô
{ וּ *Schurec* ou

Voyelle douteuse : ֻ *Kibbuts* u

Voyelle brève : ׇ *Kamets-chatuph* o

 * On a lieu de soupçonner qu'autrefois en hébreu, comme à présent encore en arabe, chacune de ces classes était exprimée par un seul point-voyelle.

 Le kamets-chatuph a la même figure que le kamets, et ne s'en peut distinguer que par la nature et la forme du mot ( n.º 30. ).

12. Les voyelles sont *invariables* quand l'analogie de la langue ne permet pas qu'elles soient changées, ou lorsqu'elles renferment le caractère essentiel d'une forme. Elles sont *variables* quand elles peuvent être remplacées par un *Scheva* ( n.º 14, 280 ) ou par une voyelle brève si elles sont longues, longue si elles sont brèves.

13. Ces variations résultent le plus souvent, et du changement de place de l'accent tonique (n.º 23), et du changement de forme du mot, lorsque, d'après les règles de la langue, il vient à s'allonger ou s'accourcir. Nous donnerons ( ch. VII, n.º 280—294 ) les principales règles auxquelles obéissent ces variations ; mais il n'appartient qu'aux grammaires moins élémentaires que celle-ci, de les donner toutes, et en détail.

14. Il faut joindre aux points-voyelles les *Schevas*, points particuliers qui ne sont pas de véritables voyelles, et ont le plus grand rapport avec notre *e* muet. Ces schevas sont :

ou simples : ־ְ , véritable *e* muet ;

ou composés, savoir :

Du scheva et du patach : ־ֲ , *Chateph-patach*, participe du son  a

———————— ségol : ־ֱ , *Chateph-ségol*    é

———————— kamets : ־ֳ , *Chateph-kamets*  o

Ces trois schevas composés sont extrêmement brefs, et doivent, dans la prononciation, se distinguer à peine de l'*e* muet.

15. Les schevas se placent sous les lettres mobiles qui viennent à perdre leur voyelle propre. Le ך seul les reçoit à la fin des mots.

* On distingue les schevas simples en *schevas mobiles*, placés au commencement des syllabes, comme dans celle-ci פְּקוֹד, et en *schevas quiescens* placés à la fin comme dans la première syllabe du mot דַּרְכִּי. Les grammaires complètes donnent les caractères au moyen desquels on peut toujours distinguer les uns des autres. Les premiers sont censés tenir un peu plus de place dans la prononciation, et valoir exactement un *e* muet. Les seconds ne

sont pas même un *e* muet, et ne doivent être considérés que comme indiquant l'absence de toute voyelle.

16. Il faut joindre aux schevas le *patach furtif*. Cette voyelle se place à la fin des mots, et uniquement par *euphonie*, sous les lettres gutturales ח ע, et quelquefois aussi sous le ה. Elle doit se prononcer avant la gutturale à laquelle elle est attachée; ainsi, רוח se prononce ROUACH et non ROUCHA.

## SECTION III.

*Des signes auxiliaires.*

17. Les *points diacritiques* sont des points qui, en hébreu, comme en arabe, servent à changer le son de la lettre à laquelle ils sont attachés. Le premier, et, à proprement parler, le seul point diacritique des Hébreux, est celui du ש. Cette lettre avec le point à droite ( שׁ ) se nomme *schin* et a le son *sch*; avec le point à gauche ( שׂ ), elle se nomme *sin* et a le son *s*.

18. On peut réunir aux points diacritiques le *dagesch*. C'est un point placé au milieu de la lettre, pour avertir qu'elle doit être prononcée à double, toutes les fois du moins que cela est

possible. קַדֵּשׁ se prononce *QUADDESCH* et non *QUADESCH*; mais une lettre ne peut être prononcée à double si elle est initiale, ou bien précédée d'un scheva, ou bien encore à la fois finale et dépourvue de voyelle. Dans ces trois cas, par conséquent, le dagesch ne se prononce point; aussi pour lors n'est-il jamais caractéristique. כֶּסֶף se prononce *KÉSEPH*, צִדְקָתָ *TSADAQUETA*, sans qu'on fasse attention au dagesch.

* Considéré sous ce point de vue seulement, et en exceptant le ב et le פ ( n.º 19 ), le dagesch n'est qu'une simple abréviation, et sert à éviter la peine d'écrire deux fois la même lettre.

19. Mais de plus, le dagesch renforce le son des lettres ב et פ ; il change la première de V en B, la seconde de Ph en P. Ainsi, רָבָה se prononce *RAVA*, mais רַבָּה *RABBA*; נִפְקַד *NIPHEQUAD*, mais פָּקוֹד *PAQUOD*.

* Sous ce second point de vue, et relativement aux lettres ב et פ, le dagesch est un véritable point diacritique.

20. La prononciation des lettres א ה ח ע ר, ou

l'euphonie ne permettent pas qu'elles reçoivent jamais le dagesch.

* La distinction entre le *dagesch doux* et le *dagesch fort*, et les règles que suit le premier, doivent être renvoyées à des grammaires moins élémentaires.

21. Le *mappic* est un point qui, dans certains cas ( n.° 251 ), se place dans le ה final : חִילָה.

22. Le *maccaph* est un tiret qui, placé vers le haut des lettres initiales ou finales, unit deux mots entr'eux, afin que, dans la prononciation, ils soient censés n'en faire qu'un seul : כִּי־אַתָּה, KIATTHA et non KI ATTHA.

23. Les *accens* sont *toniques* ou *euphonique*. Chaque mot a un accent tonique attaché à une syllabe déterminée; mais plusieurs circonstances et, en particulier, l'allongement du mot peuvent le faire passer à une autre.

24. Il est naturellement placé sur la *dernière* syllabe du mot, et s'il la quitte, il passe à l'avant-dernière. Quelquefois ensuite de nouvelles modifications le font passer de nouveau à la syllabe qu'il avait quittée, ou à celles qui ont été ajoutées au mot primitif.

* C'est d'après cette différence dans la place de l'accent tonique, que beaucoup de grammaires dis-

tinguent tous les mots de la langue en *voces acutæ* qui le placent sur la dernière syllabe, et *penacutæ* qui le placent sur l'avant-dernière. Nous renvoyons, du reste, aux grammaires plus étendues, pour ce qui concerne les noms, les figures et l'emploi des divers accens toniques.

25. Il faut distinguer parmi les accens toniques, ceux qui servent de plus à indiquer une suspension du sens. Ce sont :

1.° Le *petit Sakeph* ( deux points placés perpendiculairement au-dessus de la ligne ), qui équivaut à notre virgule.

2.° Le *Rebiha* ( un point au-dessus de la ligne), qui, dans certains cas, a la même valeur que le petit sakeph.

3.° L'*Athenach* (éperon renversé au-dessous de la ligne ), qui équivaut à notre virgule et point.

4.° Le *Soph-pasuk* ( ׃ ) qui termine le verset et équivaut à notre point.

26. Outre l'accent tonique, les mots reçoivent quelquefois encore un accent *euphonique* dont le but est de déterminer la quantité de certaines syllabes ; il se nomme *métheg* ou frein, et a cette forme ( $\overline{\phantom{-}}$ ). Son effet est de séparer en quelque sorte, de la fin du mot, la voyelle après laquelle il est placé ; d'indiquer par con-

séquent qu'elle est longue, et qu'elle termine la syllabe.

## SECTION IV.

### *Des syllabes.*

27. Une ou plusieurs lettres réunies à une voyelle forment une syllabe, mais avec un scheva simple seulement, elles ne peuvent en former.

28. On ne peut jamais avoir, au commencement d'une syllabe, deux consonnes sans voyelles, ou deux schevas de suite; ainsi l'on ne peut dire לְפְקוֹד, et on le change en לִפְקוֹד; mais on dira fort bien יִפְקְדוּ, parce que les deux schevas appartiennent à deux syllabes différentes : *jiph-kdou.*

29. Lorsqu'une syllabe se termine par une voyelle, elle est dite *pure*; lorsqu'elle est terminée par une consonne non quiescente, elle est dite *mixte*. Dans le mot פָּקַד, la syllabe פָּ est pure, קַד est mixte.

30. Dans une syllabe mixte, la voyelle ָ est plus ordinairement un kamets-chatuph qu'un kamets ordinaire : כָּל se prononcera KOL et non pas KAL.

31. א est quiescent (n.° 9) lorsqu'il est sans voyelle : שֵׁאת se prononce *SETH*.

32. ה final est toujours quiescent : גָּלָה *GALLÉ* et non *GALLÉH*.

33. ו accompagné du cholem ou du schurec, est toujours quiescent : בֹּקֶר *BOQUER* et non *BVOQUER* ; דּוּד *DOUD* et non *DVOUD*.

34. Le י privé de voyelle, ne se prononce pas au milieu d'un mot : גְּלֵינָה *GUELÈNA* et non *GUELÉINA*. A la fin d'un mot il ne se prononce pas non plus s'il est précédé d'un ־ֵ ou d'un ־ֶ, voyelles qui lui sont analogues, et qu'il ne sert qu'à allonger : בְּנֵי *BENÉ* et non *BENÉï* ; mais après les autres points, le י final devient une véritable voyelle, et donne naissance à une diphtongue : גָּלוּי *GALOUï*, יָדַי *JADAï*.

## APPENDICE.

### Exercices de lecture.

1. Avec la prononciation au-dessous.

לָכֵן חַכּוּ לִי נְאֻם יְהוָֹה לְיוֹם קוּמִי לְעַד כִּי מִשְׁפָּטִי

mischepati ki lehad quoumi lejom Jehovâ neüm li chakkou lakén

לֶאֱסוֹף גּוֹיִם לְקָבְצִי מַמְלָכוֹת לִשְׁפֹּךְ עֲלֵיהֶם כֹּל

kol zahemi lischepok mamelakoth lequovetsi gojim léésoph

חֲרוֹן אַפִּי כִּי בְּאֵשׁ קִנְאָתִי תֵּאָכֵל כָּל הָאָרֶץ ׃

haarets kol théakel quineathi beésch ki appi charon.

Ce fragment est pris de Sophonie III, 8. Toutes les lettres de l'alphabet hébreu s'y retrouvent.

## II.

בְּרֵאשִׁית בָּרָא אֱלֹהִים אֵת הַשָּׁמַיִם וְאֵת הָאָרֶץ ׃
וְהָאָרֶץ הָיְתָה תֹהוּ וָבֹהוּ וְחֹשֶׁךְ עַל־פְּנֵי תְהוֹם וְרוּחַ
אֱלֹהִים מְרַחֶפֶת עַל־פְּנֵי הַמָּיִם ׃ וַיֹּאמֶר אֱלֹהִים יְהִי
אוֹר וַיְהִי־אוֹר ׃ וַיַּרְא אֱלֹהִים אֶת־הָאוֹר כִּי־טוֹב
וַיַּבְדֵּל אֱלֹהִים בֵּין הָאוֹר וּבֵין הַחֹשֶׁךְ ׃ וַיִּקְרָא
אֱלֹהִים לָאוֹר יוֹם וְלַחֹשֶׁךְ קָרָא לָיְלָה וַיְהִי־עֶרֶב
וַיְהִי־בֹקֶר יוֹם אֶחָד ׃
וַיֹּאמֶר אֱלֹהִים יְהִי רָקִיעַ בְּתוֹךְ הַמָּיִם וִיהִי מַבְדִּיל
בֵּין מַיִם לָמָיִם ׃ וַיַּעַשׂ אֱלֹהִים אֶת־הָרָקִיעַ וַיַּבְדֵּל
בֵּין הַמַּיִם אֲשֶׁר מִתַּחַת לָרָקִיעַ וּבֵין הַמַּיִם אֲשֶׁר
מֵעַל לָרָקִיעַ וַיְהִי־כֵן ׃ וַיִּקְרָא אֱלֹהִים לָרָקִיעַ שָׁמַיִם
וַיְהִי־עֶרֶב וַיְהִי־בֹקֶר יוֹם שֵׁנִי ׃

## PRONONCIATION.

Beréschith barâ Élohim éth haschchamajim veéth haarets. Vehaarets hajethâ thohou vavohou vechoschek halpené thehom verouach Élohim merachepheth halpené hammajim. Vajjomer Élohim jehi or vajehi or vajjare Élohim ethhaor kitov vajjavedel Élohim bén haor ouvén hachoschek vajjiquerâ Élohim laor jom velachoschek quarâ lajelâ vajehihérev vajehivoquer jom échad.

Vajjomer Élohim jehi raquiah bethok hammajim vihi mavedil bén majim lamajim. Vajjahas Élohim ethharaquiah vajjavedel bén hammajim ascher mitthachath laraquiah ouvén hammajim ascher méhal laraquiah vajehikén. Vajjiquerâ Élohim laraquiah scha- majim vajehihérev vajehivoquer jom schéni.

Genèse I, 1—8.

# CHAPITRE II.

## DU PRONOM SÉPARÉ.

35. Les pronoms des Hébreux sont *séparés* ou *affixes* (n.° 220, etc.). Ce qui concerne les *pronoms affixes* se trouvera ch. VI ( n.° 240, etc.).

\* Comme les *pronoms séparés* concourent à la formation du verbe ( n.° 50, 51 ) j'ai cru nécessaire de les faire connaître avant d'entreprendre sa théorie; théorie qui devra suivre immédiatement comme étant fondamentale, et donnant plus ou moins le principe de tout le reste.

36. Les pronoms sont : (1.°) *personnels.*

1.re personne : אֲנִי ou אָנֹכִי, *moi ou je*, plur. אֲנַחְנוּ *nous.*

2.e personne : אַתָּה *toi* (masc.), אַתְּ *toi* (fém.), אַתֶּם *vous* (masc.), אַתֵּן *vous* (fém.).

3.e personne : הוּא *lui*, הִיא *elle*, הֵם *eux*, הֵן *elles.*

37. (2.°) *démonstratifs.*

זֶה *celui-ci, celui-là;* זֹאת *celle-là, celle-ci.* Plur. אֵל ou אֵלֶּה *ceux-ci, celles-ci, ceux-là, celles-là.*

38. (3.°) *relatifs.*

אֲשֶׁר *qui, que, lequel, laquelle, lesquels, lesquelles.*

\* Il faut observer que ce pronom se borne à indiquer la relation, plutôt qu'il ne supplée réellement le nom. Souvent en effet il faut après s'en être servi pour indiquer la relation, amener un second pronom pour suppléer le nom, p. ex. Ps. I, 4 : אֲשֶׁר תִּדְּפֶנּוּ רוּחַ (la paille) que le vent chasse *elle*.

Quelquefois le pronom démonstratif זוּ, pronom assez rarement employé, semble devenir relatif, mais n'est réellement que l'indice d'une ellipse du pronom relatif : עַם זוּ קָנִיתָ; ce peuple-ci (que) tu as racheté.

39. (4.°) *interrogatifs.*

מִי *qui?* מָה *quoi?*

CHAPITRE

# CHAPITRE III.

### DU VERBE PARFAIT.

40. LE verbe est regardé, dans la Grammaire hébraïque, comme la forme radicale à laquelle se rapportent toutes les autres parties du discours.

41. Le verbe hébreu revêt sept formes différentes qui modifient également son sens et la manière de le conjuguer. Nous adoptons, pour les désigner, le mot *Espèce*, introduit par quelques grammairiens. L'une est *primitive*, les six autres *dérivées*. On ne trouve que très-peu de verbes employés dans toutes sept.

42. L'Espèce primitive, dans sa forme la plus simple, présente trois lettres nommées, en conséquence, *radicales*. On nomme *serviles* celles qui s'ajoutent aux radicales dans les autres formes, dans les Espèces et dans les noms dérivés. Ainsi, le mot קָטַל présente les trois radicales; le mot וַתִּקְטְלִי y joint les serviles וַתִּ ִי.

43. On nomme *parfait* le verbe qui a partout ses trois radicales, et sans qu'elles soient jamais

quiescentes. Les autres verbes sont dits *imparfaits*.

44. Les temps principaux sont le *prétérit* dans la 3.e personne singulière masculine, et l'*infinitif*. Celui-ci, offrant l'idée abstraite du verbe, sert souvent aux Hébreux à exprimer presque tous les temps, et quelquefois même devient un véritable substantif verbal; souvent il est régi par des prépositions; il se décline par ce moyen et devient un gérondif.

45. En Hébreu un seul *prétérit* sert à exprimer tous les temps passés, et quelquefois même le présent. De la troisième personne de ce temps (n°. 44) se forment les *participes* dans certaines Espèces. Il y a deux participes : l'*actif* qui a un sens présent, et le *passif* qui a un sens passé; mais on ne les trouve ensemble que dans l'Espèce primitive; les dérivées ne possèdent que l'un des deux, actif ou passif, suivant qu'elles sont actives ou passives.

46. Quant à l'infinitif, les temps qui en découlent sont : l'*impératif*, le *futur* qui exprime tous les temps de l'avenir, quelquefois le présent, souvent l'impératif; et enfin, dans certaines Espèces, le *participe*.

\* Le futur peut être modifié par l'adition de paragoges (n.° 270), du ו conversif (n.° 256), ou par des apocopes ( n.ᵒˢ 88 *, 146 *, 170 *). Un examen attentif de la langue hébraïque, en même temps que l'analogie de la langue arabe, conduisent à soupçonner que ces altérations de la forme modifient aussi le sens d'une manière constante, et changent le futur, suivant la nature de cette altération, en optatif, en subjonctif, en imparfait ou plutôt en prétérit défini.

47. Le prétérit et le futur ont trois *personnes*, l'impératif n'a que la seconde.

48. Le verbe a des formes correspondantes à deux *nombres*, le *singulier* et le *pluriel*; jamais on ne trouve de duel.

49. Les personnes sont de deux genres, *masculin*, *féminin*; dans beaucoup de cas la forme de l'un est *commune* à l'autre.

50. Pour former les personnes, les genres et les nombres du prétérit, on ajoute à la 3.ᵉ sing. masc. des *adformantes*. C'est le nom que reçoivent des lettres ou syllabes caractéristiques et serviles à la fois, qui s'ajoutent à la fin du mot radical pour le modifier. Toutes ces adformantes ne sont autre chose que des pronoms mutilés dont le sens doit se joindre au sens du prétérit du verbe pris abstraitement. Ainsi, de פָקַד *il a visité*, et de נוּ *nous*, on a fait פָקַדְנוּ *nous avons visité*. De la même racine, et de

אַתֶּם *vous*, on a fait פְּקַדְתֶּם *vous avez visité*, etc.

51. Le futur se forme de l'infinitif, au moyen d'adformantes pour certaines personnes, et pour toutes, sans exception, des *préformantes* ou augments serviles et caractéristiques placés au commencement du mot : נ אֶ תֶ י. Ces préformantes ne sont également que des pronoms défigurés. De אַתְּ *toi*, et פְּקֹד *visiter*, on a fait תְּפְקֹד *tu visiteras*, et, à cause du n.º 28 תִּפְקֹד.

52. L'impératif est absolument semblable à l'infinitif; il se modifie par les mêmes adformantes que le futur, dont il diffère en ce qu'il n'a point de préformantes.

## SECTION I.

*De l'Espèce primitive, dite* Kal.

53. L'Espèce primitive se nomme *KAL*, c'est-à-dire *légère* ( קַל ), parce qu'elle est plus simple que toutes les autres par son sens et sa forme. Elle a le sens simplement actif.

54. Les deux temps primitifs présentent les trois radicales nues.

55. Le prétérit a le ־ָ sous la première radicale, et le ־ַ sous la seconde.

56. L'infinitif a aussi le ◌ַ sous la première, mais le cholem à la seconde. Comme les simples substantifs, il a très-souvent, outre sa forme accoutumée, une seconde forme plus courte que l'on nomme construite (n.° 216), circonstance qui a aussi lieu dans d'autres Espèces dérivées (n.° 89).

57. Les participes se forment du prétérit en changeant simplement ses voyelles. Le participe actif se nommait autrefois *Bénoni*; le participe passif se nomme aussi *Pahul* (פָּעִיל), nom tiré de la forme qu'il revêtait dans l'ancien paradigme פָּעַל.

58.                    PARADIGME.

                        PRÉTÉRIT.

|  | Plur. |  |  | Sing. |  |
|---|---|---|---|---|---|
| *fém.* | *comm.* | *masc.* | *fém.* | *comm.* | *masc.* |
|  | פָּקְדוּ |  | פָּקְדָה |  | פָּקַד 3. |
| פְּקַדְתֶּן | פְּקַדְתֶּם |  | פָּקַדְתְּ | פָּקַדְתָּ | 2. |
|  | פָּקַדְנוּ |  |  | פָּקַדְתִּי | 1. |

                    PARTICIPE ACTIF.

| פֹּקְדוֹת | פֹּקְדִים | פֹּקְדָה / פֹּקֶדֶת | פֹּקֵד |

## PARTICIPE PASSIF.

פְּקוּדוֹת  פְּקוּדִים | פְּקוּדָה  פָּקוּד

## INFINITIF.

(forme construite.)   (forme absolue.)
פְּקֹד                   פָּקוֹד

## FUTUR.

תִּפְקֹדְנָה  יִפְקְדוּ | תִּפְקֹד   יִפְקֹד 3.
תִּפְקֹדְנָה  תִּפְקְדוּ | תִּפְקְדִי  תִּפְקֹד 2.
נִפְקֹד              | אֶפְקֹד*   1.

\* אֶפְקֹד pour אֶפְקֹד, à cause de la gutturale א (n.° 291).

## IMPÉRATIF.

פְּקֹדְנָה  פִּקְדוּ | פִּקְדִי  פְּקֹד

\* Ce paradigme permet déjà de remarquer les changemens de voyelles, que peuvent amener l'allongement du mot, ou le mouvement qui en résulte pour l'accent ( n.ᵒˢ 12, 13 ); ainsi, de פָּקַד se forme פְּקַדְתֶּם; de פָּקַד se forme פָּקְדִי ( qui, d'après le n.° 28 se change en פִּקְדִי ), et quand il survient une nouvelle syllabe, quand l'accent fait un nouveau mouvement, פְּקֹדְנָה.

59. La forme ordinaire du prétérit est celle que nous venons d'exposer, mais souvent la seconde radicale prend le ־ֵ, comme שָׁמֵם, אָהֵב, et non שָׁמֵם, אָהֵב; quelquefois encore elle prend le cholem, comme קָטֹן, יָכֹל.

* C'est là, entre beaucoup d'autres, une trace des trois voyelles principales et primitives ( n.º 7 ). C'est ce que l'on nomme prétérit *A*, pr. *E*, pr. *O*.

60. Les participes qui souvent peuvent à peine se distinguer des noms, se déclinent comme eux, et indiquent comme eux, par les terminaisons ה־ָ, ת, י־ִם, וֹת, le sing. fém., le plur. masc., le plur. fém. ( n.º 204, 205, 210.)

* Le paradigme ordinaire du kal, nous présente des participes *E* et des participes *O* ( c'est-à-dire, ayant *E* ou *O*, sous la seconde radicale. V. n.º 59*.). On trouve, principalement dans les verbes imparfaits ( n.º 145 ) et dans les autres langues sémitiques, des traces de participes *A*, particulièrement de la forme פָּקַד, au lieu de פֹּקֵד.

61. L'infinitif, que tout s'accorde à nous faire envisager comme un véritable nom d'action, se rencontre aussi sous la forme féminine,

comme פָּקְדָה, פָּקְדְתְ. Il est même certains verbes qui semblent affecter cette forme de préférence ( n.º 111, 126, 134 ).

62. Souvent, au futur et à l'infinitif, au lieu du ◌ֹ on trouve le ◌ַ; savoir : lorsque la 3.ᵉ radicale est gutturale, comme dans יִשְׂבַּע, *il sera rassasié;* lorsque le verbe est neutre, comme dans יִשְׁכַּב *il se couchera*, et même sans aucune de ces raisons, comme dans תִּלְבַּשׁ *elle mettra* ( une robe ).

* Dans ces temps, aussi bien que dans le prétérit, on trouve quelquefois la seconde radicale avec le ◌ֵ ou le וּ; ainsi גָּדֵל *croître*, יִשְׁפּוּטוּ *ils jugeront*. Voilà encore une nouvelle trace des trois voyelles primitives ( n.º 7 ), ou de la division des sons vocaux en trois classes. Ainsi donc, les Hébreux comme les Arabes ont eu un prétérit et un futur, et même un participe et un infinitif *A*, *E* et *O*. Comme les Arabes, ils se sont servis de cette différence dans la forme, pour distinguer les verbes neutres des actifs. Ainsi, קָצֹר יִקְצוֹר fut. *il abrégera*, mais יִקְצַר *il sera court*.

# SECTION II.

*De la 2.ᵉ Espèce, première des dérivées, dite Niphal.*

63. La seconde Espèce tire le nom de *Niphal* du paradigme des anciennes grammaires; pris du verbe פָּעַל, il devenait dans cette Espèce נִפְעַל.

64. Le sens du niphal est ordinairement *passif*: נִשְׁבַּר *il a été rompu*, de שָׁבַר *il a rompu*.

2.° Il peut être *réciproque*: נִשְׁמַר, *il s'est tenu sur ses gardes*, de שָׁמַר *garder*.

3.° Le niphal enfin, peut avoir un sens simplement *passif* ou *neutre*, si le kal est inusité: נִשְׁבַּע *il a juré*, נֶאֱלַם *il s'est tû*.

65. Le caractère général du niphal (à considérer moins sa forme réelle que l'analogie qui lie ses différens temps), est la syllabe הִנ placée avant les trois radicales, mais constamment modifiée par sa position. En effet:

66. Quant à l'infinitif et aux temps qui en découlent, le נ de cette syllabe disparaît en s'assimilant à la lettre suivante, et se confondant avec elle par un dagesch. C'est le résultat d'une habitude euphonique des Hébreux qui évitent

en général de prononcer נְ, et tendent à l'assimiler à la lettre suivante, partout où cela est possible. Ainsi, à l'infinitif et à l'impératif, on dira הִפָּקֵד pour הִנְפָּקֵד.

67. De plus, au futur, par suite d'une autre habitude également euphonique et générale, cette syllabe הִ (reste de la syllabe הִנְ), précédée des préformantes, se contracte avec elles, et laisse perdre son הִ. Ainsi, de l'infinitif הִפָּקֵד, devrait se former le futur יְהִפָּקֵד (qui serait pour יְהִנְפָּקֵד), et au lieu de cela il prend, en se contractant, la forme יִפָּקֵד.

68. Quand à la 3.ᵉ du prétérit, et aux formes qui en découlent, c'est le הִ qui disparaît, et le נְ reste seul; le scheva suivant le change ensuite en נ ( n.° 28 ). Ainsi, prét. נִפְקַד pour נְפְקַד, qui serait lui-même pour הִנְפְקַד.

69. Les préformantes et les adformantes sont les mêmes qu'au kal.

70. Le participe unique du niphal ( n.° 45 ), et passif, parce que l'Espèce est passive, se forme comme dans le kal de la 3.ᵉ du prétérit.

71.  PARADIGME.

### PRÉTÉRIT.

| | Plur. | | | Sing. | |
|---|---|---|---|---|---|
| *fém.* | *comm.* | *masc.* | *fém.* | *comm.* | *masc.* |
| | נִפְקְדוּ | | נִפְקְדָה | | נִפְקַד 3. |
| נִפְקַדְתֶּן | נִפְקַדְתֶּם | | נִפְקַדְתְּ | נִפְקַדְתָּ | 2. |
| | נִפְקַדְנוּ | | | נִפְקַדְתִּי | 1. |

### PARTICIPE.

נִפְקָדוֹת   נִפְקָדִים   { נִפְקָדָה / נִפְקֶדֶת }   נִפְקָד

### INFINITIF.

הִפָּקֵד

### FUTUR.

| | Plur. | | | Sing. | |
|---|---|---|---|---|---|
| תִּפָּקַדְנָה | יִפָּקְדוּ | | תִּפָּקֵד | | יִפָּקֵד 3. |
| תִּפָּקַדְנָה | תִּפָּקְדוּ | | תִּפָּקְדִי | | תִּפָּקֵד 2. |
| | נִפָּקֵד | | | אֶפָּקֵד | 1. |

### IMPÉRATIF.

| | Plur. | | | Sing. | |
|---|---|---|---|---|---|
| הִפָּקַדְנָה | הִפָּקְדוּ | | הִפָּקְדִי | | הִפָּקֵד 2. |

\* Le niphal prend quelquefois le *O* sous la seconde radicale ; ainsi on trouve הִנָּתוֹן pour הִנָּתֵן. Au futur, à l'infinitif, à l'impératif, il prend même quelquefois le *A*, comme יִנָּפֵשׁ *il sera ranimé* ; ainsi le futur *O*, qui au kal était dominant, apparaît quelquefois seulement au niphal, et le futur *E*, rare au kal, est dominant au niphal.

## SECTION III.

*De la 3.ᵉ Espèce, seconde dérivée, dite Pihel.*

72. Le sens est, pour l'ordinaire, *effectif* : אִבֵּד *il a fait périr*, de אָבַד *il a péri*.

2.º Quelquefois *fréquentatif* ou *augmentatif* : הִלֵּךְ *il est allé çà et là, il est allé sans cesse*, de הָלַךְ *il est allé*.

3.º Quelquefois *déclaratif* : טִמֵּא *il a déclaré impur*, de טָמֵא *il a été impur*.

4.º Quelquefois enfin le pihel est *dénominatif* (1), et reçoit un sens particulier, actif ou neutre, du nom qui lui donne naissance.

(1) C'est-à-dire dérivé d'un nom. Voy. n.º 186.

Ainsi, דִּשֵּׁן *il a enlevé les cendres*, tire ce sens de דֶּשֶׁן *cendre*, et nom du kal דָּשֵׁן, *il a été gras*.

73. Le pihel a pour caractères : *a*) le dagesch constamment inséré dans la seconde radicale ; *b*) le chirec sous la 1.ʳᵉ radicale du prétérit et des formes qui en dépendent, comme פִּקֵּד ; le patach sous la 1.ʳᵉ radicale de l'infinitif et des formes qui en dépendent, comme פַּקֵּד.

74. Il a les mêmes préformantes et les mêmes adformantes que les Espèces précédentes ; seulement ici les préformantes conservent le ־ְ qui leur appartient naturellement (n.° 51), tandis qu'au kal et au niphal des circonstances particulières (n.° 28, 51, 67) changeaient ce ־ְ en ־ִ.

75. Le participe ne se forme point de la troisième du prétérit, comme dans les Espèces précédentes, mais de l'infinitif, et il en est de même dans toutes les suivantes ; aussi le placerons-nous, à l'avenir, avec les temps dérivés de celui-ci. Il se forme de l'infinitif, en le faisant précéder de la préformante מְ, inf. פַּקֵּד, part. מְפַקֵּד.

76.  PARADIGME.

### PRÉTÉRIT.

|  | Plur. |  |  | Sing. |  |
|---|---|---|---|---|---|
| fém. | comm. | masc. | fém. | comm. | masc. |
|  | פָּקְדוּ |  | פָּקְדָה |  | פָּקַד 3. |
| פְּקַדְתֶּן | פְּקַדְתֶּם |  | פָּקַדְתְּ | פָּקַדְתָּ | 2. |
|  | פָּקַדְנוּ |  |  | פָּקַדְתִּי | 1. |

### INFINITIF.

פְּקֹד

### FUTUR.

| תִּפְקֹדְנָה | יִפְקְדוּ | תִּפְקֹד | יִפְקֹד 3. |
| תִּפְקֹדְנָה | תִּפְקְדוּ | תִּפְקְדִי | תִּפְקֹד 2. |
|  | נִפְקֹד |  | אֶפְקֹד 1. |

### IMPÉRATIF.

| פְּקֹדְנָה | פִּקְדוּ | פִּקְדִי | פְּקֹד 2. |

### PARTICIPE.

| מְפֻקָּדוֹת | מְפֻקָּדִים | מְפֻקָּדָה / מְפֻקֶּדֶת | מְפֻקָּד |

\* On trouve, dans tous les temps du pihel, des exemples du patach et même du ségol, sous la 2.ᵉ radicale, au lieu du zéri ; ainsi, לִמַּד *il a enseigné*, כִּבֶּס *il a lavé*. A l'infinitif on trouve même des exemples du cholem : יַסּוֹר *châtier*.

77. Les grammairiens modernes ajoutent un grand nombre d'Espèces nouvelles aux six dérivées que l'on indique d'ordinaire. Presque toutes, ou sont de simples anomalies, ou se rencontrent trop rarement pour mériter quelque mention (n.º 105). Nous en nommerons cependant ici trois que leur forme et leur sens rapprochent tout-à-fait du pihel, et dont la connaissance peut être plus utile.

78. 1.º Le *Pohel* qui, au prétérit et à l'infinitif, a également la forme פּוֹקֵד ; ainsi שׁוֹפֵט *il a disputé en justice*.

79. 2.º Le *Pihlel* qui, au lieu de mettre un dagesch dans la seconde radicale, redouble la troisième : רַעֲנָן (l'arbre) *a été garni de feuillage*. Au reste, cette forme se rencontre plus souvent dans des noms dérivés que dans des verbes.

80. 3.º Le *Pehalhal* qui redouble les deux dernières radicales ; ainsi, de חָלַק l'on fait חֲלַקְלַק.

Le sens et la manière de se conjuguer de ces trois prétendues Espèces, montrent suffisamment que ce sont de véritables pihels sous une forme un peu différente, et trop rares pour qu'on doive s'y arrêter long-temps ici.

## SECTION IV.

*De la 4.° Espèce, troisième dérivée, dite Puhal.*

81. Le puhal exprime les sens passifs des diverses significations du pihel.

82. Il a pour caractère, comme le pihel, le dagesch dans la seconde radicale, et de plus, le kybbuts sous la première, dans tous les temps.

83. Dans le puhal, comme dans toutes les Espèces suivantes, le participe se forme, ainsi que dans le pihel, au moyen de la préformante מ jointe à l'infinitif.

84.            PARADIGME.

### PRÉTÉRIT.

|  Plur. |  |  |  | Sing. |  |  |
| --- | --- | --- | --- | --- | --- | --- |
| fém. | comm. | masc. |  | fém. | comm. | masc. |
|  | פָּקְדוּ |  |  | פָּקְדָה |  | פָּקַד 3. |
| פְּקַדְתֶּן | פְּקַדְתֶּם |  |  | פָּקַדְתְּ |  | פָּקַדְתָּ 2. |
|  | פָּקַדְנוּ |  |  |  | פָּקַדְתִּי | 1. |

### INFINITIF.

פָּקֹד

### FUTUR.

| תִּפְקֹדְנָה | יִפְקְדוּ | תִּפְקֹד |  | יִפְקֹד 3. |
| --- | --- | --- | --- | --- |
| תִּפְקֹדְנָה | תִּפְקְדוּ | תִּפְקְדִי |  | תִּפְקֹד 2. |
|  | נִפְקֹד |  | אֶפְקֹד | 1. |

Point d'*IMPÉRATIF*.

### PARTICIPE.

| מְפֻקָּדוֹת | מְפֻקָּדִים | { מְפֻקָּדָה / מְפֻקֶּדֶת } | מְפֻקָּד |

85. Nous avons dit ( n.° 77—80 ) que le pihel

4

revêtait quelquefois certaines formes bizarres qu'on se plaît à considérer comme des Espèces distinctes. De même, le puhal se rencontre aussi sous les formes analogues *Pohal* et *Puhlal* qui peuvent être considérées comme les Espèces passives du pohel ( n.º 78 ) et du pihlel ( n.º 79 ). Ainsi, יוֹדַע *il a été connu*, pohal de יָדַע; אֻמְלַל *il est devenu languissant*, puhlal de אָמַל .

## SECTION V.

*De la 5.ᵉ Espèce, quatrième dérivée, dite Biphil.*

86. Le sens de l'hiphil est :

1.º *Effectif*: הִפְקִיד *il a ordonné d'examiner, il a préposé*, de פָּקַד *il a inspecté*.

2.º Ou bien *déclaratif* : הִצְדִּיק, *il a déclaré juste* ( il a absous ), de צָדַק *il a été juste*.

3.º Ou bien simplement *actif* ou *neutre* ; principalement s'il est dénominatif, si le kal n'est pas usité, ou ne l'est que dans un sens tout différent. Ainsi, הֶאֱזִין *il a prêté l'oreille*, n'a point de kal.

87. L'hiphil a pour principal caractère la syllabe הִ devant la 3.ᵉ du prétérit, et devant les formes qui en descendent ; la syllabe הַ devant l'infinitif et les temps qui s'en forment. Cette syllabe, précédée à son tour d'une préformante, se contracte avec elle comme nous avons vu que cela avait lieu dans le niphal ( n.º 67 ), comme nous le verrons encore dans l'hophal ( n.º 91 ), et dans l'hithpahel ( n.º 95 ).

88. La voyelle ִי au prétérit, etc., ִי ou ֵ à l'infinitif, etc., placée sous la 2.ᵉ radicale, forme un second caractère de l'hiphil, mais moins constant et moins sûr que le premier.

* La forme qui présente le ֵ, plus courte que celle qui présente le ִי, peut être regardée comme en étant contractée ; elle s'emploie au futur, de préférence, après le ו conversif, comme après certaines prépositions ou conjonctions. De là vient que cette forme ֵ peut devenir le signe d'une véritable modification dans le sens. Avec le ו conversif (n.º 236) elle indique souvent un imparfait ou un prétérit défini ( n.º 236 ★ ) et, sans lui, un subjonctif ( n.º 46 ★ ). P. ex. אַל תַּשְׁחֵת *que tu ne détruises point;* יֹסֵף *qu'il continue;* mais יוֹסִיף *il continuera.*

89.                    PARADIGME.

### PRÉTÉRIT.

|  Plur.  |  |  |  Sing. |  |  |
|---|---|---|---|---|---|
| fém. | comm. | masc. | fém. | comm. | masc. |
|  | הִפְקִידוּ |  | הִפְקִידָה |  | הִפְקִיד 3. |
| תִּפְקַדְתֶּן | הִפְקַדְתֶּם |  | הִפְקַדְתְּ | הִפְקַדְתָּ | 2. |
|  | הִפְקַדְנוּ |  |  | הִפְקַדְתִּי | 1. |

### construit.  INFINITIF.  absolu.

הַפְקֵד           הַפְקִיד

### FUTUR.

|  |  |  |  |  |
|---|---|---|---|---|
| תַּפְקֵדְנָה | יַפְקִידוּ | תַּפְקִיד | יַפְקִיד | 3. |
| תַּפְקֵדְנָה | תַּפְקִידוּ | תַּפְקִידִי | תַּפְקִיד | 2. |
|  | נַפְקִיד |  | אַפְקִיד | 1. |

### IMPÉRATIF.

הַפְקֵדְנָה   הַפְקִידוּ  הַפְקִידִי          הַפְקֵד

### PARTICIPE.

מַפְקִידוֹת   מַפְקִידִים   מַפְקִידָה / מַפְקֶדֶת   מַפְקִיד

# SECTION VI.

*De la 6.ᵉ Espèce, cinquième dérivée, dite Hophal.*

90. L'hophal exprime les sens passifs des diverses significations de l'hiphil.

91. Il a pour caractère la syllabe הָ ( avec le kamets-chatuph ) placée devant les 3 radicales dans tous les temps : au futur et au participe elle se contracte avec les préformantes, précisément comme dans l'hiphil et le niphal.

92.         PARADIGME.

### PRÉTÉRIT.

| | Plur. | | | Sing. | |
|---|---|---|---|---|---|
| fém. | comm. | masc. | fém. | comm. | masc. |
| | הָפְקְדוּ | | הָפְקְדָה | | הָפְקַד 3. |
| הָפְקַדְתֶּן | הָפְקַדְתֶּם | | הָפְקַדְתְּ | הָפְקַדְתָּ | 2. |
| | הָפְקַדְנוּ | | | הָפְקַדְתִּי | 1. |

### INFINITIF.

הָפְקֵד

## FUTUR.

| | | | | |
|---|---|---|---|---|
| תִּפְקַדְנָה | יִפְקְדוּ | תִּפְקֹד | יִפְקֹד | 3. |
| תִּפְקַדְנָה | תִּפְקְדוּ | תִּפְקְדִי | תִּפְקֹד | 2. |
| | נִפְקֹד | | אֶפְקֹד | 1. |

Point d'*IMPÉRATIF*.

## PARTICIPE.

| | | | |
|---|---|---|---|
| מִפְקָדוֹת | מִפְקָדִים | מִפְקָדָה / מִפְקֶדֶת | מִפְקָד |

93. Quelquefois, au lieu du kamets-chatuph, la syllabe caractéristique prend le kibbuts. Ainsi au participe, מְצֻהָב. Esdr. VIII, 27.

## SECTION VII.

*De la 7.ᵉ Espèce, sixième dérivée, dite hithpahel.*

94. L'hithpahel a 1.° le sens du pihel réfléchi. Ainsi, הִתְחַזֵּק *il s'est montré fort*; הִתְנַכֵּר *il a feint d'être inconnu, il s'est fait méconnaître,* du pihel נִכֵּר *il a méconnu*.

2.° Il a souvent le sens fréquentatif : הִתְהַלֵּךְ *il s'est promené en tout sens.*

95. L'hithpahel se forme de l'infin. pihel précédé de la syllabe caractéristique הִת. Il n'y a aucune différence à cet égard entre le prétérit et l'infinitif ainsi que ses dérivés. Au futur et au participe, la syllabe caractéristique se contracte avec les préformantes comme dans les Espèces précédentes. Inf. pihel פַּקֵּד ; prét. et inf. hithpahel הִתְפַּקֵּד; fut. יִתְפַּקֵּד pour יִהְתְפַּקֵּד.

96. PARADIGME.

### PRÉTÉRIT.

| | Plur. | | | Sing. | |
|---|---|---|---|---|---|
| fém. | comm. | masc. | fém. | comm. | masc. |
| | הִתְפַּקְדוּ | | | הִתְפַּקְדָה | הִתְפַּקֵּד 3. |
| הִתְפַּקַדְתֶּן | הִתְפַּקַדְתֶּם | | הִתְפַּקַדְתְּ | הִתְפַּקַדְתָּ | 2. |
| | הִתְפַּקַדְנוּ | | | | הִתְפַּקַדְתִּי 1. |

### INFINITIF.

הִתְפַּקֵּד

## FUTUR.

| | | | |
|---|---|---|---|
| 3. יִתְפָּקֵד | תִתְפָּקֵד | יִתְפָּקְדוּ | תִתְפָּקֵדְנָה |
| 2. תִתְפָּקֵד | תִתְפָּקְדִי | תִתְפָּקְדוּ | תִתְפָּקֵדְנָה |
| 1. אֶתְפָּקֵד | | נִתְפָּקֵד | |

## IMPÉRATIF.

הִתְפָּקֵד הִתְפָּקְדִי | הִתְפָּקְדוּ הִתְפָּקֵדְנָה

## PARTICIPE.

מִתְפָּקֵד { מִתְפַּקְדָה / מִתְפַּקְדֶה } מִתְפַּקְדִים מִתְפַּקְדוֹת

97. Il faut observer, sur l'Espèce hithpahel, 1.º que le ת servile de la syllabe caractéristique, change de place avec la 1.re radicale, si celle-ci se trouve être l'une des dentales sifflantes ז ס צ שׁ שׂ. Ainsi, l'on dit הִשְׁתַּמֵּר *il a pris garde à soi*, pour הִתְשַׁמֵּר.

98. 2.º Si la 1.re radicale est un ז, outre la transposition, le ת se change par euphonie en ד : הִזְדַּכֵּר *il a montré qu'il gardait le souvenir*, pour הִזְתַּכֵּר qui serait pour הִתְזַכֵּר.

99. 3.º Si la 1.re radicale est un צ, outre la transposition

position, le הִ, par euphonie, se change en ט : הִצְטַדֵּק *il s'est déclaré juste*, pour הִצְתַּדֵּק, qui serait pour הִתְצַדֵּק.

100. 4.° Quelquefois enfin le ת s'assimile par euphonie à la 1.<sup>re</sup> radicale quelle qu'elle soit, et se joint à elle par le dagesch ; ainsi, הִנַּבֵּא *il s'est donné comme prophète* ( forme équivalente à הִנְּבֵּא ), pour הִתְנַבֵּא

101. Nous avons parlé ( n.° 78, 79, 80, 85 ) de certaines Espèces plus rares, analogues au pihel et au puhal, ou p'utôt de formes que le pibel et le puhal revêtent quelquefois ; il en est de même de l'hithpahel. On peut nommer le *Hothpahhal* הָתְפָּקַד, qui, à certains égards, imite l'hophal ; le *Hithpohel* הִתְפּוֹקֵד qui semble être la forme réfléchie du pohel ( n.° 78 ), et le *Hithpahlel* הִתְפַּקְדֵד qui semble être la forme réfléchie du pihlel ( n.° 79 ).

    * Au reste, tout ce qui tient à ces huit Espèces prétendues, a peu d'importance, comme trouvant rarement son application, et peut être négligé par les commençans.

# SECTION VIII.

*Observations générales.*

102. L'on a pu remarquer, en lisant les paradigmes qui précèdent, que les différentes Espèces, ou du moins leurs futurs, peuvent facilement se distinguer par les préformantes. Ces préformantes, considérées en elles-mêmes, sont les mêmes dans toutes les Espèces, mais elles finissent cependant par paraître très-différentes par suite de contractions (n.° 67, 87, 91, 95) ou du voisinage d'un second scheva (n.° 28, 51). Ainsi donc, la 3.ᵉ sing. masc. du futur devient dans les diverses Espèces :

Kal : יִפֹּ    Niphal : יִפֵּ    Pihel : יְפַ
Puhal : יְפֻ    Hiphil : יַפְ    Hophal : יָפְ
Hithpahel : יִתְפַּ

103. Les irrégularités introduites par les gutturales seront exposées (n.° 290—294).

104. Dans les cas où le dagesch doit être placé dans la 1.ʳᵉ ou 2.ᵉ radicale comme caractère de la forme (n.° 66, 73, 82), et où il se trouve que cette radicale est, de sa nature

incapable de le recevoir ( n.º 20 ), on y supplée comme il sera dit ( n.º 288 ).

105. On a dit qu'aux sept Espèces ordinaires, les grammairiens modernes en ajoutent d'autres beaucoup plus rares et plus incertaines ; on en a indiqué huit ( n.º 78, 79, 80, 85, 101 ) plus spécialement analogues au pihel, au puhal et à l'hithpahel, et on parlera (n.º 122) d'une autre, particulière aux verbes géminés ; mais il faut répéter encore que leur étude est fort peu importante pour les commençans, et qu'on pourrait, avec raison, considérer la plupart de ces Espèces comme de simples anomalies, ou comme des verbes plurilittères.

# CHAPITRE IV.

### DES VERBES IMPARFAITS.

### DIVISION I.

*Des verbes plurilittères.*

106. On nomme *plurilittères* des verbes qui ont quatre ou cinq radicales différentes. Souvent

ils paraissent devoir leur origine à la réunion irrégulière de deux verbes parfaits; ainsi l'on croit que c'est de רָטַב *il a été succulent*, et כָּפַשׁ *il a été épais*, que vient רָטַפַשׁ *il a été épais*.

107. Les verbes quadrilittères sont loin de se rencontrer fréquemment. Ils se présentent ou sous une forme analogue au pihel, et avec un sens actif, comme כִּרְסֵם *il a déchiré*, ou sous une forme analogue au puhal, et avec un sens passif, comme כִּרְבַּל *il a été revêtu*.

* Si l'on rapproche cette circonstance de celle que les huit Espèces rares que nous avons indiquées en passant, et qui toutes présentent plus de trois radicales (radicales *répétées*, il est vrai, ce qui les distingue des plurilittères qui ont des radicales *différentes*) sont analogues aussi au pihel, au puhal et à l'hithpahel, on verra qu'il y a décidément une affinité entre les Espèces graves, ou qui ont le dagesch dans la 2.$^e$ radicale, et les formes à radicales répétées ou multipliées. On ne s'en étonnera pas si l'on réfléchit que le dagesch n'est que la représentation d'une 4.$^e$ radicale, assimilée à celle dans laquelle il est inséré.

108. Les verbes quinquelittères sont assez rares pour qu'on ne puisse rien en dire de positif.

# DIVISION II.

## Des verbes défectifs.

109. On nomme verbes *défectifs* ceux qui, dans quelques-unes de leurs formes, perdent l'une de leurs radicales. On en peut faire trois classes, suivant que c'est la 1.$^{re}$, la 2.$^e$ ou la 3.$^e$ radicale qui est *déficiente*.

### SECTION I.

*Des verbes défectifs de la 1.$^{re}$ radicale.*

110. I. Les verbes 1.$^{re}$ נ. Le נ, 1.$^{re}$ radicale, disparaît toutes les fois que dans ces verbes (si l'on en excepte le prétérit kal), il devrait avoir un ־ֱ ; ou plutôt il s'assimile à la lettre suivante, d'après l'habitude euphonique dont nous avons parlé (n.° 66), et se réunit à elle par le dagesch, si toutefois la nature et la place de cette lettre lui permettent de le recevoir. Ainsi, נָתַן ferait régulièrement, au futur kal, יִנְתֵן, au lieu de cela il fait יִתֵּן, qui est pour יִתְתֵן.

111. D'après la règle précédente, l'infinitif de ces

verbes doit perdre sa 1.<sup>re</sup> radicale, sans prendre le dagesch caractéristique dans la 2.<sup>e</sup>, puisqu'elle devient initiale (n.º 18); mais alors cet infinitif affecte de préférence la forme féminine (n.º 61) תֶּ֑־. Ainsi, נָגַשׁ, inf. גֶּשֶׁת.

112. II. Le verbe לָקַח, *il a pris*, rejette ou assimile exactement de la même manière sa 1.<sup>re</sup> radicale ל, fut. יִקַּח *il prendra*, pour יִלְקַח.

113. III. Quelques verbes 1.<sup>re</sup> י offrent la même irrégularité; ainsi, יִצֹּק pour יִיצֹק, futur de יָצַק.

   \* Il faut observer sur ces derniers verbes, 1.º que presque tous ont le צ pour 2.<sup>e</sup> radicale, comme יצק, יצע, יצג, יצב; 2.º que quelques lexicographes les rapportent à des verbes 1.<sup>re</sup> נ, נָצַק, נָצַע, נָצַג, נָצַב, mêlés à des verb. 1.<sup>re</sup> י; 3.º que la plupart des verbes 1.<sup>re</sup> י sont soumis à un système d'imperfections très-différent (n.º 132).

114. Il faut remarquer que plusieurs verbes 1.<sup>re</sup> נ et le verbe לָקַח lui-même, se rencontrent quelquefois avec la forme parfaite.

   \* Il est facile de reconnaître, entre tous les verbes imparfaits, les défectifs de la 1.<sup>re</sup>, au dagesch qui suit la préformante. Ainsi, dans les mots מַבִּיט, יַפֵּל, on discerne facilement les racines נָפַל, נָבַט,

## SECTION II.

*Des verbes défectifs de la 2.<sup>e</sup>, ou géminés.*

115. Les verbes qui ont la 3.<sup>e</sup> radicale semblable à la 2.<sup>e</sup>, perdent celle-ci dans le plus grand nombre de leurs formes, ou la réunissent à la 3.<sup>e</sup> par le moyen du dagesch; c'est de là qu'ils ont été nommés tantôt *défectifs de la 2.<sup>e</sup>*, tantôt *géminés*.

116. Dans les Espèces légères, c'est-à-dire (n.° 107*) qui ne prennent pas habituellement le dagesch dans la 2.<sup>e</sup> radicale ( kal, niphal, hiphil et hophal ), les verbes géminés perdent la 2.<sup>e</sup> radicale avec la voyelle qui devrait la précéder. Pr. k. סַב, au lieu de סָבַב; inf. סֹב, au lieu de סָבוֹב.

117. De plus, les préformantes et les syllabes caractéristiques du niphal, de l'hiphil et de l'hophal ( n.° 65, 87, 91 ) prennent une voyelle longue et le plus souvent ־ֵ ou ־ָ. Cependant, au futur niphal, il reste toujours le ־ִ; dans tous les temps de l'hophal on trouve le schurec; ainsi, קָלַל, fut. k. יֵקַל, pour יִקְלַל; סָבַב, prét. niph. נָסַב, pour נִסְבַב; fut. niph. יִסּוֹב, pour יִסָּבֵב; fut. hiph. יָסֵב, pour יַסְבֵב; דָּקַק, prét. hoph. הוּדַק, pour הָדְקַק.

118. La 3.ᵉ radicale est doublée par un dagesch, toutes les fois qu'elle est suivie d'une adformante qui donne la possibilité de le prononcer : יָסֹב *il entourera*, יָסֹבּוּ *ils entoureront*.

> \* Dans les verbes géminés, en effet, la 2.ᵉ radicale ne disparaît que parce que, semblable à la 3.ᵉ, elle se réunit à elle par euphonie, réunion dont le dagesch est le signe (n.° 115); mais le dagesch ne peut ni se prononcer, ni se placer dans une lettre finale et dépourvue de voyelle. Or, la 3.ᵉ radicale n'a jamais de voyelle, tant qu'il ne survient aucune adformante, ainsi que le prouve la forme des temps principaux. Ce n'est donc qu'au moyen d'une adformante que le dagesch de la 3.ᵉ radicale pourra reparaître et se prononcer. Voyez n.° 126 et 282 des règles analogues.

119. Les adformantes, lorsqu'elles sont syllabiques (c'est-à-dire, lorsqu'elles peuvent faire une syllabe à elles seules), et, dans le participe, lors même qu'elles ne le sont pas, font changer de place l'accent (n.° 13), et, par suite de ce changement, font disparaître la voyelle longue des préformantes et syllabes caractéristiques qui avaient dû s'allonger d'après le n.° 117. Ainsi, prét. niph. נָסַב, 2.ᵉ plur. נְסַבּוֹתֶם, et non pas נָסַבּוֹתֶם; fut. k. תָּסֹב, 3.ᵉ pl. fém. תְּסֻבֶּינָה, et non תָּסֻבֶּינָה.

120. Les adformantes syllabiques, de plus, changent au prétérit le scheva qui les précède, en cholem; au futur et à l'impératif, en ségol. Ainsi, l'on ne dira pas au prétérit סַבְתָ, mais סַבּוֹת; à la 3.ᵉ plur. fém. du fut. on ne dira pas תְּסֻבְנָה, mais (en insérant un י) תְּסֻבֶּינָה.

121. Toutes les règles que nous venons de donner, ne portent que sur les Espèces légères, mais les Espèces graves (n.° 107 *, 116), savoir : le pihel, le puhal et l'hithpahel, n'ont aucune irrégularité proprement dite dans leur manière de se conjuguer; c'est plutôt la nature de l'Espèce qui est changée. C'est en effet sous les formes pohel, pohal et hithpohel (n.° 78, 85, 101) que ces Espèces se présentent d'ordinaire. Ainsi, pour le pihel de סָבַב, on trouve סוֹבֵב; pour son puhal, סוֹבַב; pour son hithpahel, הִסְתּוֹבֵב, qui est (n.° 97) pour הִתְסוֹבֵב.

122. Les Espèces graves se rencontrent aussi quelquefois sous une forme particulière aux verbes géminés dans ces Espèces, et que l'on a souvent considérée comme en constituant de nouvelles. Cette forme consiste dans la répétition et le croisement des deux radicales. Ainsi, au lieu du pihel régulier סָבַב, ou du

pohel סוֹבֵב, on dira quelquefois סִבְסֵב; au lieu du puhal, סֻבְסַב; au lieu de l'hithpahel, הִסְתַּבְסֵב (pour הִתְסַבְסֵב, n.° 97).

123.  PARADIGME.

### KAL.

#### PRÉTÉRIT.

| | Plur. | | | Sing. | |
|---|---|---|---|---|---|
| fém. | comm. | masc. | fém. | comm. | masc. |
| | סַבּוּ | | סָבָה | | סַב 3. |
| סַבּוֹתֶן | סַבּוֹתֶם | | סַבּוֹת | סַבּוֹתָ 2. |
| | סַבּוֹנוּ | | | סַבּוֹתִי 1. |

Participe actif (conserve la forme parfaite) : סוֹבֵב, סוֹבְבָה etc.
Part. passif (de même) : סָבוּב, סְבוּבָה etc.
Infinitif : סוֹב
Futur sing. : יָסוֹב, תָּסוֹב, תָּסוֹב, תָּסוֹבִי etc.
Futur plur. : יָסוֹבּוּ, תְּסֻבֶּינָה etc.
Impératif : סוֹב, סוֹבִי, סוֹבּוּ, סֻבֶּינָה etc.

### NIPHAL.

Prét. sing. : נָסַב, נָסַבָּה, נְסַבּוֹת, נְסַבּוֹת etc.
Prét. plur. : נָסַבּוּ, נְסַבּוֹתֶם, נְסַבּוֹתֶן, נְסַבּוֹנוּ etc.
Participe : נָסָב, נְסַבָּה etc.

| | |
|---|---|
| Infinitif : | הָסֵב |
| Futur sing. : | יָסֵב, תָּסֵב, תָּסֵב, תָּסַבִּי, etc. |
| Fut. plur. : | יָסֵבּוּ, תְּסֻבֶּינָה, etc. |
| Impératif : | הָסֵב, הָסֵבִּי, הָסֵבּוּ, הֲסִבֶּינָה |

## PIHEL.

*( Forme Pohel. )*

| | |
|---|---|
| Prétérit : | סוֹבֵב, סוֹבְבָה, סוֹבַבְתָּ, etc. |
| Infinitif : | סוֹבֵב |
| Fut. sing. : | יְסוֹבֵב, תְּסוֹבֵב; תְּסוֹבְבִי, etc. |
| Fut. plur. : | יְסוֹבְבוּ, תְּסוֹבַבְנָה, etc. |
| Impératif : | סוֹבֵב, סוֹבְבִי, etc. |
| Participe : | מְסוֹבֵב, מְסוֹבְבָה, etc. |

*( Forme spéciale. )*

| | |
|---|---|
| Prétérit : | סִבְסֵב, סִבְסְבָה, סִבְסַבְתָּ, etc. |
| Infinitif : | סַבְסֵב |
| Futur sing. : | יְסַבְסֵב, תְּסַבְסֵב; תְּסַבְסְבִי, etc. |
| Fut. plur. : | יְסַבְסְבוּ, תְּסַבְסַבְנָה, etc. |
| Impératif : | סַבְסֵב, סַבְסְבִי, etc. |
| Participe : | מְסַבְסֵב, מְסַבְסְבָה, etc. |

## PUHAL.

( *Forme Pohal.* )

| | | |
|---|---|---|
| Prétérit : etc. סוֹבַב | Infinitif : | סוֹבַב |
| Futur : etc. יְסוֹבַב | Impératif manque. | |
| Participe : etc. מְסוֹבָב | | |

( *Forme spéciale.* )

| | | |
|---|---|---|
| Pr. : etc. סְבַסְבָה, סֻבְסַב | Infinitif : | סֻבְסַב |
| Futur : etc. יְסֻבְסַב | Impératif manque. | |
| Participe : etc. מְסֻבְסָב | | |

## HIPHIL.

### PRÉTÉRIT.

| Plur. | | | Sing. | | | |
|---|---|---|---|---|---|---|
| *fém.* | *comm.* | *masc.* | *fém.* | *comm.* | *masc.* | |
| | הֵסֵבּוּ | | הֲסֵבָּה | | הֵסֵב | 3. |
| הֲסִבּוֹתֶן | הֲסִבּוֹתֶם | | הֲסִבּוֹת | | הֲסִבּוֹתָ | 2. |
| | הֲסִבּוֹנוּ | | | | הֲסִבּוֹתִי | 1. |

### INFINITIF.

הָסֵב

### FUTUR.

| | | | | | | |
|---|---|---|---|---|---|---|
| תְּסִבֶּינָה | | יָסֵבּוּ | | תָּסֵב | | יָסֵב 3. |
| תְּסִבֶּינָה | | תָּסֵבּוּ | | תָּסֵבִּי | | תָּסֵב 2. |
| | | נָסֵב | | | | אָסֵב 1. |

*IMPÉRATIF.*

הָסֵב  הָסֵבִּי | הָסֵבּוּ  הֲסִבֶּינָת

*PARTICIPE.*

מֵסֵב  מְסִבָּה | מְסִבִּים  מְסִבּוֹת

## HOPHAL.

Prétérit :  הוּסַב, הוּסַבָּה, הוּסַבּוֹת, etc.
Infinitif :  הוּסַב
Futur sing. :  יוּסַב, תּוּסַב, תּוּסַבִּי, etc.
Futur plur. :  יוּסַבּוּ, תּוּסַבֶּינָה, etc.
Impératif manque.
Participe :  מוּסָב, מוּסַבָּה, etc.

## HITHPAHEL.

( *Forme Hithpohel* du verbe גָּלַל )
Prétérit :  הִתְגּוֹלֵל, הִתְגּוֹלְלָה, הִתְגּוֹלַלְתָּ, etc.
Infinitif :  הִתְגּוֹלֵל
Futur :  יִתְגּוֹלֵל, etc.
Impératif :  הִתְגּוֹלֵל, הִתְגּוֹלְלִי, etc.
Participe :  מִתְגּוֹלֵל, מִתְגּוֹלְלָה, etc.
( *Forme spéciale* du verbe גָּלַל )
Prétérit :  הִתְגַּלְגֵּל, הִתְגַּלְגְּלָה, הִתְגַּלְגַּלְתָּ, etc.
Infinitif :  הִתְגַּלְגֵּל

( 54 )

| | |
|---|---|
| Futur : | יִתְגַּלְגֵּל etc. |
| Impératif : | הִתְגַּלְגֵּל, הִתְגַּלְגְּלִי etc. |
| Participe : | מִתְגַּלְגֵּל, מִתְגַּלְגְּלָה etc. |

\* Il est, en général, assez facile de reconnaître les verbes géminés, au dagesch qui, dans la plupart de leurs formes, se trouve dans la dernière radicale; p. ex., en voyant les formes רַבּוּ, יְמַסִּי on peut reconnaître tout de suite les racines רָבַב, מָסַס.

## SECTION III.

*Des verbes défectifs de la 3.<sup>e</sup> radicale.*

124. Si la 3.<sup>e</sup> radicale est un נ ou un ת, toutes les fois qu'elle se trouve devoir être suivie d'une lettre servile semblable, elle disparaît, ou plutôt elle se réunit à cette lettre servile, au moyen du dagesch. Ainsi, שָׁבַת à la 2.<sup>e</sup> sing. du prét. kal, au lieu de faire שָׁבַתְתָּ, fait שַׁבַּתָּ.

125. Le verbe נָתַן *il a donné*, qui, d'après la règle précédente, ne devrait souffrir cette anomalie que devant le נ servile, se trouve la présenter aussi devant le ת, auquel il assimile et réunit, par le dagesch, sa 3.<sup>e</sup> radicale נ; Ainsi, 2.<sup>e</sup> plur. du prét. kal : נְתַתֶּם, pour

נְתַתֶּם. (Voyez n.º 66, 110, ce que nous avons dit sur l'habitude euphonique des Hébreux, de faire disparaître le נְ de cette manière.)

126. Souvent ces verbes prennent de préférence, à l'inf., la forme féminine (n.º 61) ־ֶ־ֶת, mais dans ce cas, aussi bien que dans les participes féminins, que leur 3.ᵉ radicale soit נ ou ת, ils la perdent également devant le ת servile, signe du féminin; ainsi, אָמַן, à l'infinitif fait אֱמֶת, au lieu de אֲמֶנֶת; שָׁרֵת au part. pihel fém. מְשָׁרֵת pour מְשָׁרֶתֶת. (Il y a quelquefois dans les noms une élision tout-à-fait analogue; de בֵּן fils, se forme בֶּנֶת fille, au lieu duquel on dit ordinairement בַּת.) Que si une voyelle ou une syllabe nouvelle vient s'ajouter au mot ainsi élidé, le dagesch reparaît tout de suite dans le ת servile, ainsi qu'on devait s'y attendre d'après la théorie tout-à-fait analogue, exposée n.º 118 *.

* C'est par une anomalie du même genre que la 3.ᵉ radicale ד disparaît aussi quelquefois devant le ת servile des infinitifs et participes féminins: יָלַד *il a engendré*, inf. לַת pour לֶדֶת ou יֶלֶדֶת. C'est ainsi que dans les noms, אֶחָד *un*, fait au féminin אַחַת pour אַחֲדַת.

## DIVISION III.

## *Des verbes quiescens.*

127. On nomme *quiescens* les verbes qui, dans quelques-unes de leurs formes, ont une radicale quiescente ( n.º 9 ).

128. Les lettres exposées à devenir quiescentes sont י ו א et de plus ה à la fin des mots. De ces diverses lettres quiescentes, et des différentes places qu'elles peuvent occuper dans le mot, naissent les différentes classes de verbes quiescens.

## SECTION I.

*Verbes quiescens de la 1.<sup>re</sup> radicale.*

### I. QUIESCENS 1.<sup>re</sup> א.

129. Souvent, dans ces verbes, la 1.<sup>re</sup> radicale א demeure mobile ( n.º 9 ), remplaçant cependant le scheva simple par le scheva composé, d'après la règle à laquelle obéissent toutes les gutturales ( n.º 290 ).

130. Mais lorsque le א est quiescent, il l'est en cholem au futur kal, au prétérit et au participe niphal, et en même temps la 2.<sup>e</sup> radicale prend

le

futur *E* ou *A* ( c'est-à-dire en ־ֵ ou en ־ַ, n.º 62 * ) par euphonie. Ainsi, futur kal de אָמַר, יֹאמַר, au lieu de יֶאֱמוֹר; prét. niph. de אָחַז, נֶאֱחַז, au lieu de נֶאֱחַז. A la 1.ʳᵉ du fut. kal, le א radical, devenu alors inutile, disparaît après le א préformante: אֹמַר, pour אֶאֱמוֹר.

131. A l'hiphil le א est quiescent en ־ֵ, ־ַ ou וֹ; quelquefois il disparaît complètement; ainsi, אָזִין, au lieu de אַאֲזִין, 1.ʳᵉ sing. du fut. hiph. du v. אזן. יָרֵב au lieu de יַאֲרֵב, 3.ᵉ sing. du fut. hiph. du v. אָרַב. אוֹכִיל au lieu de אַאֲכִיל, 1.ʳᵉ sing. du fut. hiph. du v. אָכַל.

## II. QUIESCENS 1.ʳᵉ י.

132. Dans les Espèces qui font précéder les radicales d'une syllabe caractéristique, savoir: dans le niphal, l'hiphil, l'hophal et ~~hithpael~~, la plupart des verbes 1.ʳᵉ י changent leur 1.ʳᵉ radicale en ו.

* Cette circonstance, et l'analogie de la langue arabe ont engagé plusieurs grammairiens à nommer ces verbes, *verbes* 1.ʳᵉ ו. Ce changement du י en ו résulte soit de l'affinité qui règne entre les mères du discours (n.º 6), soit des rapports de l'hébreu avec la langue arabe où les verbes correspondans aux

hébreux 1.<sup>re</sup> י, ont presque tous un ו pour 1.<sup>re</sup> radicale. Ce rapport est d'autant plus remarquable que le petit nombre de verbes hébreux 1.<sup>re</sup> י, dont le correspondant arabe est 1.<sup>re</sup> י et non pas 1.<sup>re</sup> ו, comme יָשַׁר, יָנַק, יָמַב, ne changent presque jamais leur 1.<sup>re</sup> י en ו, et suivent, dans leur conjugaison, des règles assez différentes des autres ; mais il faut remarquer qu'ils sont fort peu nombreux, qu'ils ne se rencontrent jamais ou presque jamais au niphal ; qu'à l'hiphil seulement ils se distinguent bien décidément des 1.<sup>re</sup> י ordinaires. ( Nous ne parlons point ici des 1.<sup>re</sup> י défectifs ; il en a été question n.° 115.)

133. Quoiqu'il en soit, dans toutes les Espèces, soit que la 1.<sup>re</sup> radicale paraisse sous la forme י ou sous la forme ו, elle est mobile lorsque, d'après les règles de la conjugaison parfaite, elle devrait avoir une voyelle ; ainsi, prét. kal יָשַׁב ; fut. niph. תִּיָשֵׁב ; mais lorsqu'elle devrait avoir un scheva, elle devient quiescente ; ainsi, prét. niph. נוֹשַׁב pour נִוְשַׁב ; fut. k. יִירַשׁ pour יִוְרַשׁ.

134. D'après ce que nous avons dit ( n.° 132 ), le kal conserve à la 1.<sup>re</sup> radicale la forme ו ; mais l'infinitif et les temps qui en dérivent ont deux manières de se conjuguer. Quelques-uns des verbes 1.<sup>re</sup> י, comme יָלַד, יָרַד, יָשַׁב, ont

le futur *E* ( n.º 62 * ), et font disparaître le י toutes les fois qu'il devrait avoir un scheva; ainsi, יָשַׁב, fut. יֵשֵׁב pour יִיְשֵׁב; impér. שֵׁב pour יְשֵׁב; inf. constr. ( presque toujours sous la forme féminine ) שֶׁבֶת pour יִשְׁבֶת.

135. Les autres, comme יָרַשׁ, יָעַץ, יָבֵשׁ, יָעַף ont le futur *A*, et conservent le י, lors même qu'il devrait avoir un scheva, mais au futur ils le conservent quiescent; ainsi, fut. יִירַשׁ, imp. יְרַשׁ, inf. constr. יְסוֹד.

* On trouve aussi au futur les formes יִיקַץ, יִיקַד.

136. Au niphal on trouve toujours le ו (n.º 132) pour 1.ʳᵉ radicale; à l'infinitif, au futur, à l'impératif, ce ו est mobile, d'après le n.º 133. Ainsi, inf. הִוָּלֵד *naître*; au prétérit et au participe, d'après la même règle, ce ו est quiescent en cholem : נוֹלַד *il est né*.

137. Le pihel et le puhal ont toujours la 1.ʳᵉ radicale, (n.º 132), et se conjuguent toujours régulièrement ( n.º 133 ), parce que jamais cette 1.ʳᵉ radicale ne se trouve appelée à avoir un scheva : מְיַסֵּר, תְּיַלֵּד, יֻשַּׁב.

138. A l'hiphil la 1.ʳᵉ radicale est ו, et devant avoir constamment un scheva, ce ו est tou-

jours quiescent en cholem : יָרֵד, inf. et prét. הוֹרִיד pour הוֹרִיד et הוֹרִיד.

\* Les verbes dont nous avons parlé n.º 132 \*, comme conservant toujours la 1.ʳᵉ radicale י par analogie avec leurs correspondans arabes, prennent à l'hiphil la forme הֵימִין de יָמַן, הֵיטִיב de יָטַב.

139. L'hophal a partout la 1.ʳᵉ radicale sous la forme ו : הוּרַד *il a été abattu.*

140. On trouve à l'hithpahel des exemples de 1.ʳᵉ radicale י, quoiqu'il ait plutôt le ו d'après le n.º 132, mais l'une et l'autre lettre doivent demeurer également mobiles : הִתְיַפָּה, הִתְוַדַּע.

141. Nous ne donnerons pas le paradigme de toutes les variétés de formes indiquées n.º 132 \* ou 135, mais seulement de celles qui sont plus régulières et se présentent plus habituellement.

### PARADIGME.
### *KAL.*

Prétérit ( est régulier ).

Participes ( sont réguliers ).

Infinitif absolu : יָשׁוֹב. Construit : שֵׁב et שֶׁבֶת.

Futur sing. : יֵשֵׁב, תֵּשֵׁב, תֵּשֵׁב, תֵּשְׁבִי, etc.

Fut. plur. : יֵשְׁבוּ, תֵּשַׁבְנָה etc.

( *Autre forme moins usitée* : etc. יִירַשׁ, תִּירַשׁ )

Impératif : שֵׁב, שְׁבִי, שְׁבוּ, שֵׁבְנָה

## NIPHAL.

Prét. : נוֹשַׁב, נוֹשְׁבָה, נוֹשַׁבְתָּ, נוֹשַׁבְתְּ etc.
Participe : נוֹשָׁב, נוֹשָׁבָה etc.
Infinitif : הִוָּשֵׁב
Fut. sing. : יִוָּשֵׁב, תִּוָּשֵׁב etc.
Fut. plur. : יִוָּשְׁבוּ, תִּוָּשַׁבְנָה etc.
Impératif : הִוָּשֵׁב etc.

## PIHEL.

Est régulier.

## PUHAL.

Est régulier.

## HIPHIL.

Prét. sing. : הוֹשִׁיב, הוֹשִׁיבָה, הוֹשַׁבְתְּ etc.
Prét. pl. : הוֹשִׁיבוּ, הוֹשַׁבְתֶּם, הוֹשַׁבְתֶּן, הוֹשַׁבְנוּ
Infinitif : הוֹשִׁיב
Futur sing. : יוֹשִׁיב, תּוֹשִׁיב etc.
Fut. plur. : יוֹשִׁיבוּ, תּוֹשַׁבְנָה etc.
Impératif : הוֹשֵׁב, הוֹשִׁיבִי, הוֹשִׁיבוּ, הוֹשֵׁבְנָה
Participe : מוֹשִׁיב, מוֹשִׁיבָה etc.

## HOPHAL.

Prétérit :    הוּשַׁב, הוּשְׁבָה, הוּשַׁבְתָּ etc.
Infinitif :    הוּשַׁב
Futur :    יוּשַׁב, תּוּשַׁב, תּוּשְׁבִי etc.
Impératif manque.
Participe :    מוּשָׁב, מוּשָׁבָה etc.

## HITHPAHEL.

### Est régulier.

\* Les verbes 1.re ו se rencontrent très-fréquemment, et le plus souvent se distinguent très-bien de tous les autres par leur 1.re radicale changée en ו; cette lettre, en effet, ne se trouve jamais à la 1.re place des verbes parfaits ni des autres imparfaits. Ainsi, quand on rencontre les formes הוֹלִיד, נוֹשֶׁבֶת, הֵירֵד, on reconnaît aisément les racines יָשַׁב, יָרַד, יָלַד.

# SECTION II.

*Verbes quiescens de la 2.º radicale.*

### I. QUIESCENS 2.e ו.

142. Le ו seconde radicale est quelquefois mobile par exception, principalement 1.º dans les

verbes qui ont en même temps la 3.ᵉ ה, comme צִוָּה il a ordonné; 2.º dans les Espèces graves ( n.º 107 * ) où la 2.ᵉ radicale doit recevoir un dagesch; ainsi, עִוֵּת il a courbé.

143. Mais habituellement les verbes 2.ᵉ ו sont quiescens, de manière à ce que nulle part leur 2.ᵉ radicale ne se prononce (comme consonne), et à ce que partout les radicales réunies ne fassent qu'une seule syllabe.

144. Dans les Espèces légères cela a lieu de deux manières : 1.º si la voyelle de la 2.ᵉ radicale se trouve être analogue à la lettre ו ( n.º 7, 11 ), le ו devient וֹ ou וּ; ainsi, קוֹם, futur kal יָקוּם, au lieu de יִקְווֹם; imp. k. קֻם, au lieu de קְווֹם; fut. niph. יִקּוֹם, au lieu de יִקָּווֹם (1). Cette quiescence du ו en וֹ ou וּ, a lieu à l'inf. kal et aux temps qui en descendent, et dans tous les temps du niphal. Plus habituellement dans les temps du kal, le ו devient וּ, et וֹ dans ceux du niphal. — Voyez le paradigme.

145. 2.º Si la voyelle de la 2.ᵉ radicale n'est pas

———

(1) La forme du fut. et prét. O ( n.º 62 * ), יִפְקוֹד pour יִפְקֵד, généralement plus rare au niphal des verbes parfaits, et qui cependant s'y rencontre quelquefois ( n.º 71 * ), paraît habituelle dans le niphal de ces verbes-ci.

analogue à la lettre ו, le ו disparaît complètement. Ainsi, prét. k. קָם pour קָוַם, et מֵת pour מָוֵת. Part. k. קָם pour קָוֵם. ( Part. *A*, forme plus antique et en général peu usitée, mais qui se rencontre dans ces verbes-ci aussi fréquemment et encore plus que le participe *E* n.º 60 \*.) Inf. hiph. הָקִים pour הַקְוִים ; fut. יָבָא pour יָבְוָא ; יָשֵׁם pour יַשְׁוֵם. C'est sur-tout au prét. k., aux prét. et inf. hiph. et hoph., et aux temps qui en descendent que le ו disparaît de la sorte. — Voyez le paradigme.

146. Les verbes 2.ᵉ ו se rapprochent des verbes géminés par leurs autres anomalies ; comme eux en effet, 1.º ils donnent des voyelles longues aux préformantes et aux syllabes caractéristiques ( n.º 117 ), et font disparaître ces voyelles quand l'accent s'en éloigne et que le mot s'allonge ( n.º 119 ) ; 2.º devant les adformantes syllabiques, ils changent souvent le scheva en cholem et en ségol ( n.º 120 ).

\* Malgré ce que nous avons dit ( n.º 144 ), au fut. k. le ו peut aussi disparaître complètement après le ו conversif ( n.º 236 ) qui tend toujours à donner au futur la forme la plus courte possible. Il peut même disparaître après le ו copulatif ( n.º 231 ) ou après certaines particules, et alors il est remplacé

placé par le cholem simple ou par le kamets-chatuph. Ainsi fut. k. יָקוּם, avec le ו conv. וַיָּקָם (vajjakom). Cette forme apocopée semble destinée, quand elle a lieu sans ו conv., à exprimer un subjonctif; ainsi, יָמוּת *il mourra*, וַיָּמֹת ( n.° 237 ) *qu'il meure*; et avec le ו conversif, il semble qu'elle indique le prétérit défini וַיָּשָׁב et *il revint* ( n.° 236 \* ).

147. Dans les Espèces graves, les verbes 2.ᵉ ו redoublent leur dernière radicale de manière à imiter en apparence les Espèces pohel, pohal et hithpohel des verbes géminés. Ainsi, קָים, pihel קוֹמֵם, puhal קוֹמַם, hithpahel הִתְקוֹמֵם, comme ferait קָמַם.

\* Ce que nous avons dit des Espèces pihlel ( n.° 79 ), puhlal (n.° 85 ), et hithpahlel (n.° 101), nous donnera la clef de cette bizarrerie. Ce sont réellement là les formes que revêtent en effet, dans les Espèces graves, les verbes 2.ᵉ ו : קָוּם, pih. קוֹמֵם, puh. קוֹמַם, hithpah. הִתְקוֹמֵם ; puis le ו devient quiescent (comme dans les v. 1.ʳᵉ ו, n.° 133), et il en résulte les formes : הִתְקוֹמֵם, קוֹמַם, קוֹמֵם.

148.                    PARADIGME.

## KAL.

### PRÉTÉRIT.

|  | Plur. |  |  | Sing. |  |  |
|---|---|---|---|---|---|---|
| fém. | comm. | masc. | fém. | comm. | masc. |  |
|  | קָמוּ |  | קָמָה |  | קָם | 3. |
| קַמְתֶּן | קַמְתֶּם |  | קָמְתְּ | קַמְתָּ |  | 2. |
|  | קַמְנוּ |  |  | קַמְתִּי |  | 1. |

### PARTICIPE ACTIF.

| קָמוֹת | קָמִים | קָמָה | קָם |
|---|---|---|---|

### PARTICIPE PASSIF.

| קוּמוֹת | קוּמִים | קוּמָה | קוּם |
|---|---|---|---|

### INFINITIF.

קוּם

\* Comme la 3.ᵉ du prétérit a perdu l'une des radicales, et que l'infinitif est le seul temps principal qui les représente toutes trois, et dégagées de toute servile, c'est par l'infinitif qu'on est accoutumé à nommer ces verbes et à les indiquer dans les dictionnaires. On dit le v. קוּם, le v. מוּת, et non le verbe קָם ou קָוַם, מֵת ou מָוֶת.

## FUTUR.

| | | | |
|---|---|---|---|
| תְּקוּמֶינָה | יָקוּמוּ | תָּקוּם | 3. יָקוּם |
| תְּקוּמֶינָה | תָּקוּמוּ | תָּקוּמִי | 2. תָּקוּם |
| | נָקוּם | | 1. אָקוּם |

## IMPÉRATIF.

| | | | |
|---|---|---|---|
| קֹמְנָה | קוּמוּ | קוּמִי | קוּם |

## NIPHAL.

### PRÉTÉRIT.

| | | | |
|---|---|---|---|
| | נְקוֹמוּ | נְקוֹמָה | 3. נָקוֹם |
| נְקוּמֹתֶן | נְקוּמֹתָם | נְקוּמוֹת | 2. נְקוּמוֹתָ |
| | נְקוּמוֹנוּ | | 1. נְקוּמוֹתִי |

\* Lorsque devant une adformante syllabique, le scheva se change en וּ par euphonie ( n.° 146 ), le וּ, forme habituelle de la 2.ᵉ radicale ו dans le niphal (n.° 144), se change à son tour en וֹ pour éviter la cacophonie qui résulterait de ces deux וּ.

## PARTICIPE.

| | | | |
|---|---|---|---|
| נְקוֹמוֹת | נְקוֹמִים | נְקוֹמָה | נָקוֹם |

## INFINITIF.

הִקּוֹם

## FUTUR.

| | | | |
|---:|---:|---:|---:|
| 3. יָקוּם | תָּקוּם | יָקוּמוּ | תְּקוּמְנָה |
| 2. תָּקוּם | תָּקוּמִי | תָּקוּמוּ | תְּקוּמְנָה |
| 1. אָקוּם | | | נָקוּם |

## IMPÉRATIF.

| | | | |
|---:|---:|---:|---:|
| הָקוּם | הָקוּמִי | הָקוּמוּ | הָקוּמְנָה |

## PIHEL.

| | |
|---|---:|
| Prét. sing. : | קוֹמֵם, קוֹמְמָה, קוֹמֶמֶת, etc. |
| Prét. plur. : | קוֹמְמוּ, קוֹמַמְתֶּם, etc. |
| Infinitif : | קוֹמֵם |
| Futur sing. : | יְקוֹמֵם, תְּקוֹמֵם, etc. |
| Futur plur. : | יְקוֹמְמוּ, תְּקוֹמֵמְנָה, etc. |
| Impératif : | קוֹמֵם, קוֹמְמִי, קוֹמְמוּ, קוֹמֵמְנָה |
| Participe : | מְקוֹמֵם, מְקוֹמְמָה, etc. |

## PUHAL.

| | |
|---|---:|
| Prétérit : | קוֹמַם, קוֹמְמָה, etc. |
| Infinitif : | קוֹמַם |
| Futur sing. : | יְקוֹמַם, תְּקוֹמַם, etc. |
| Futur plur. : | יְקוֹמְמוּ, תְּקוֹמַמְנָה, etc. |
| Impératif ( manque ). | |
| Participe : | מְקוֹמָם, מְקוֹמָמָה, etc. |

## HIPHIL.

### PRÉTÉRIT.

| | | | |
|---|---|---|---|
| 3. | הֵקִים | הֵקִימָה | הֵקִימוּ |
| 2. | הֲקִימוֹתָ | הֲקִימוֹת | הֲקִימוֹתֶם  הֲקִימוֹתֶן |
| 1. | הֲקִימוֹתִי | | הֲקִימוֹנוּ |

( *Autre forme des deuxièmes et premières personnes* : הֲקִמֹתָ, etc. הֲקִמְתֶּם, etc. הֲקִמְנוּ )

Infinitif : הָקֵים

Futur sing. : יָקִים, תָּקִים; תָּקִימִי, etc.

( *Forme apocopée* [n.° 88] : יָקֵם ou יָקֶם, etc. )

Futur plur. : יָקִימוּ, תְּקִמְנָה, etc.

Impératif : הָקֵם, הָקִימִי, etc.

Participe : מֵקִים, מְקִימָה, etc.

## HOPHAL.

Prétérit sing. : הוּקַם, הוּקְמָה, הוּקַמְתְּ, etc.

Prétérit plur. : הוּקְמוּ, הוּקַמְתֶּם, etc.

Infinitif : הוּקַם

Futur : יוּקַם, תּוּקַם, etc.

Impératif ( manque ).

Participe : מוּקָם, מוּקָמָה, etc.

## HITHPAHEL.

| | |
|---|---|
| Prét. : | הִתְקוֹמֵם, הִתְקוֹמְמָה, הִתְקוֹמַמְתְּ, etc. |
| Infinitif : | הִתְקוֹמֵם |
| Futur : | יִתְקוֹמֵם etc. |
| Impératif : | הִתְקוֹמֵם, הִתְקוֹמְמִי, etc. |
| Participe : | מִתְקוֹמֵם, מִתְקוֹמְמָה |

\* Les verbes 2.ᵉ ו sont quelquefois assez difficiles à distinguer des autres verbes imparfaits; on peut cependant les reconnaître, par opposition aux géminés, à ce que leur dernière radicale, suivie d'adformantes, n'a point de dagesch, et à ce que le verbe réduit à ses radicales, et devenu monosyllabique (n.º 143), a toujours une syllabe longue; ainsi la forme הֲרִימוֹתִי viendra de רוּם, mais de רָמַם. La forme נַד vient de נָדַד; et la forme נָד de נוּד. Du reste ces verbes 2.ᵉ ו sont fort irréguliers, et à peine trouverait-on une des règles que nous venons d'exposer à leur sujet, qui ne fût soumise à de nombreuses exceptions.

## II. QUIESCENS 2.ᵉ י.

149. Les verbes 2.ᵉ י ont un grand rapport avec les verbes 2.ᵉ ו, et pour que le paradigme de ceux-ci soit en même temps le paradigme de ceux-là, il ne s'agit que de substituer la voyelle

יָדִ־ à la voyelle וֹ, au futur, à l'infinitif et à l'impératif kal. Ainsi, le v. בִּין, à l'infinitif k. fera בִּין, au fut. יָבִין, au prét. בָּן; prét. niph. נָבוֹן, fut. יִבּוֹן; pih. בּוֹנֵן, etc.

> \* Ces verbes sont nommés ordinairement, et indiqués dans les dictionnaires par l'infinitif kal, comme les verbes 2.ᵉ ו et par la même raison (n.° 148★).

150. Il faut cependant remarquer que ces verbes se confondent tellement avec les précédens, qu'à peine en trouverait-on un seul qui ne pût se rapporter aux deux classes, ou du moins, n'empruntât quelquefois les formes de celle à laquelle il n'appartient pas.

> \* C'est là seulement ce qui peut nous faire comprendre comment ces verbes (règle précédente) se conjuguent hors du kal, sur un paradigme étranger, au lieu de suivre celui qui devrait résulter pour eux de la nature de leur 2.ᵉ radicale et de l'analogie de la langue. C'est que réellement la distinction entre les verbes 2.ᵉ ו et 2.ᵉ י n'a lieu qu'au kal, et que dans les Espèces dérivées tous ces verbes sont également 2.ᵉ ו.

---

## SECTION III.

*Verbes quiescens de la 3.ᵉ radicale.*

### I. QUIESCENS 3.ᵉ א.

151. Les imperfections des verbes 3.ᵉ א sont peu nombreuses, mais assez variables. De plus, la grande affinité de ces verbes avec les verbes 3.ᵉ ה, amène souvent de la confusion entre leurs irrégularités réciproques, et donne quelquefois naissance à des formes qui tiennent des uns et des autres.

> \* Les verbes 3.ᵉ א et 3.ᵉ ה ont en hébreu une grande affinité (du genre de celle que nous avons remarquée entre les verbes 2.ᵉ ו et 2.ᵉ י). Ils se confondent entr'eux d'autant plus facilement, qu'ils correspondent à une même classe et à un même paradigme de verbes chaldéens et syriaques.

152. Le א final et privé de voyelle des verbes 3.ᵉ א, est toujours quiescent et sert à prolonger la voyelle qui le précède; si cette voyelle devait être un ־ַ, elle devient ־ָ : מָצָא pour מָצַא, יִמְצָא pour יִמְצַא.

153. Avec les adformantes syllabiques, le א est quiescent, et dans les prétérits la 2.ᵉ radicale prend

prend le ◌ַ ou le ◌ֶ : prét. niph. נִקְרָאתִי ou נִקְרֵאתִי. Dans les futurs et impératifs elle prend le ségol קְרָאנֶה *appelez.*

154. La terminaison féminine des participes et des infinitifs, au lieu de ־ֶת, se contracte en ־ָאת. Ainsi, מֹצָאת pour מֹצֵאת; שְׂאֵת *porter,* pour שֵׂאֵת.

155. Quelquefois les infinitifs prennent la forme ־ֹאת : קְרֹאת *appeler.*

156. Assez souvent le א quiescent disparaît, qu'il soit ou non suivi d'adformantes.

157. Nous ne donnerons que le paradigme du kal; il suffira pour faire comprendre la marche et les irrégularités propres à ces verbes.

### PRÉTÉRIT.

|  | Plur. |  |  | Sing. |  |  |
|---|---|---|---|---|---|---|
| fém. | comm. | masc. | fém. | comm. | masc. |  |
|  | מָצְאוּ |  | מָצְאָה | מָצָא | 3. |
| מְצָאתֶן | מְצָאתֶם | מָצָאת | מָצָאתָ | 2. |
|  | מָצָאנוּ |  |  | מָצָאתִי | 1. |

### PARTICIPE ACTIF.

| מֹצְאוֹת | מֹצְאִים | מֹצְאָה / מֹצֵאת | מֹצֵא |
|---|---|---|---|

## PARTICIPE PASSIF.

מְצוֹאוֹת     מְצוּאָה מְצוּאִים     מָצוּא

(constr.) *INFINITIF.* (absol.)

מְצֹאת    ou    מְצֹא  |  מָצוֹא

## FUTUR.

| תִּמְצֶאנָה | יִמְצְאוּ | תִּמְצָא | יִמְצָא | 3. |
| תִּמְצֶאנָה | תִּמְצְאוּ | תִּמְצְאִי | תִּמְצָא | 2. |
|  | נִמְצָא |  | אֶמְצָא | 1. |

## IMPÉRATIF.

מְצֶאנָה     מִצְאִי מִצְאוּ     מְצָא

## II. QUIESCENS 3.ᵉ ה.

158. On trouve quelques verbes 3.ᵉ ה qui suivent le paradigme des verbes parfaits, et qui, par conséquent, doivent être soigneusement distingués des *quiescens* 3.ᵉ ה. Ils se reconnaissent à un point inséré dans la 3.ᵉ radicale ה. Ainsi, גָּבַהּ *il a été éminent*, נָגַהּ *il a brillé*, sont parfaits ; גָּלָה *il a révélé*, est quiescent.

159. Les verbes quiescens 3.ᵉ ה changent si facilement le ה en י, et dans certains verbes en ו,

que plusieurs grammairiens les ont regardés comme étant réellement 3.ᵉ י ou 3.ᵉ ו, surtout les verbes arabes correspondans se présentant sous la forme 3.ᵉ י ou 3.ᵉ ו.

* Ce changement de la 3.ᵉ ה en י ou ו, a lieu quelquefois d'une manière très-irrégulière, la lettre ainsi métamorphosée demeurant mobile. Ainsi, 1.º dans le siècle de Salomon principalement, on trouve le ה remplacé par le י mobile : חָסָה *il s'est réfugié*, fém. חָסְיָה.

2.º Dans un très-petit nombre de verbes, et dans quelques formes ou quelques dérivés seulement de ces verbes, on trouve le ה remplacé par le ו mobile. Ainsi, שָׁלָה fait à la 1.ʳᵉ du prét. k. שָׁלַוְתִּי; שָׁחָה à la 3.ᵉ plur. du prét. hithpah. הִשְׁתַּחֲווּ. Mais de beaucoup le plus souvent la 3.ᵉ radicale est soumise aux règles que nous allons donner.

160. Les verbes quiescens 3.ᵉ ה méritent la plus grande attention, parce qu'ils se représentent très-fréquemment, et parce qu'ils sont soumis à des règles tellement simples et en général tellement constantes, qu'à ce double égard ils l'emportent même sur le verbe parfait.

* Si l'on examine avec attention les verbes imparfaits, on s'aperçoit bientôt qu'ils diffèrent beaucoup

entr'eux quant à la manière dont la grammaire est obligée de rechercher et d'exposer leur nature. Les uns, comme les 1.re ב, la plupart des 1.re ו, et surtout les 3.e ה, sont soumis à des imperfections *méthodiques*, si je puis ainsi parler, et dont un petit nombre de règles suffisent pour rendre compte complètement et clairement. Les autres comme les géminés, et surtout les 2.e ו présentent des apparences bizarres et variées dont le grammairien cherche à découvrir la cause, et qu'il s'efforce de ramener aux théories ordinaires de la langue. Dans le premier cas, la marche de la grammaire est synthétique, et les règles qu'elle donne sont de véritables *formules* qu'il ne s'agit plus que d'appliquer; dans le second, au contraire, elle ne peut faire que des analyses ; elle montre des rapports et ne donne point de règles véritables. Dans l'étude des premiers, il importe avant tout de graver les règles dans sa mémoire, et dans l'étude des seconds, c'est le paradigme qu'il faut apprendre par cœur.

161. Pour connaître complètement les v. 3.e ה, il suffit de bien retenir les 3 règles suivantes : I.re règle : Dans les formes nues, ou qui ne sont suivies d'aucune adformante, la 3.e radicale demeure sous la forme ה, précédée d'une voyelle déterminée pour chaque temps, et qui reste la même dans toutes les Espèces. Les diverses terminaisons sont donc :

162. 1.° Dans tous les prétérits הָה; p. ex. kal עָשָׂה *il a fait*; pih. בִּלָּה *il a usé*.

163. 2.° Dans tous les participes הֶה; p. ex. niph. נִדְמֶה *devenu semblable*; pih. מְנַסֶּה *tentant*.

* Le participe passif fait exception à la règle, car il change souvent sa 3.ᵉ radicale en י. נָטָה *il a étendu*; נָטוּי *étendu*.

164. 3.° Dans tous les infinitifs absolus הֹה, et dans tous les infinitifs construits תֹה, רְאוֹת *voir*; hiph. הַרְבֹּה *multiplier*.

* Il semble que les infinitifs construits en ת fassent exception à la règle que nous venons de donner, que quand il n'y a point d'adformante, la 3.ᵉ radicale demeure sous la forme ה; mais cette prétendue exception disparaît ou s'explique si l'on réfléchit que ce changement du ה en ת est le signe le plus habituel de *l'état construit* dans les noms (n.° 214), et que, l'infinitif étant à la fois partie du verbe et substantif verbal (n.° 44), ce ת indique ici que l'infinitif construit appartient uniquement au substantif, et ne fait réellement pas partie du verbe. Aussi peut-on remarquer que cette forme construite n'a, dans ce cas-ci, aucune influence sur les temps dérivés de l'infinitif, et ne s'y retrouve nulle part.

165. 4.º Dans tous les futurs, ־ֶ֥ה; p. ex. kal יִבְכֶּה *il pleurera*; hoph. תָּגְלֶה *tu seras envoyé en captivité.*

166. 5.º Dans tous les impératifs ־ֵה; hiphil הַרְפֵּה *relâche.*

167. II.ᵉ règle : Avant les adformantes syllabiques, le ה se change en י. Ce י est toujours quiescent en ־ִ ou ־ֵ dans les prétérits, en ־ֶ dans les futurs et impératifs; p. ex. גָּלָה, 2.ᵉ sing. du pr. k. גָּלִיתָ *tu as révélé*, pour גָּלַהְתָּ. בָּנָה, 2.ᵉ sing. du pr. niph. נִבְנֵיתָ pour נִבְנַהְתָּ. רָפָה, 3.ᵉ pl. fém. du fut. k. תִּרְפֶּינָה *elles seront affaiblies*, pour תִּרְפֶּהְנָה.

168. III.ᵉ règle : Avant les adformantes asyllabiques, la 3.ᵉ radicale disparaît complètement. C'est là le résultat d'une contraction euphonique dont nous avons déjà vu et nous verrons encore beaucoup d'exemples (n.º 67, 87, 91, 95, 231, 265). עָשָׂה, 3.ᵉ pl. du pr. k. עָשׂוּ pour עָשְׂהוּ.

<blockquote>
* La 3.ᵉ sing. fém. du pr. fait à cette règle une exception spéciale, sans quoi on ne pourrait la distinguer de la 3.ᵉ masculine. Pour prévenir cet inconvénient, la 3.ᵉ radicale ה au lieu de s'élider, se change en ת : בָּנָה *il a bâti*, fémin. בָּנְתָה.
</blockquote>

169.    PARADIGME.

## KAL.

### PRÉTÉRIT.

|  Plur. |  |  | Sing. |  |  |
|---|---|---|---|---|---|
| fém. | comm. | masc. | fém. | comm. | masc. |
|  | גָּלוּ |  | גָּלְתָה | גָּלָה | 3. |
| גְּלִיתֶן | גְּלִיתֶם | גָּלִית | גָּלִיתָ | 2. |
|  | גָּלִינוּ |  |  | גָּלִיתִי | 1. |

### PARTICIPE ACTIF.

| גּוֹלוֹת | גּוֹלִים | גּוֹלָה | גּוֹלֶה |
|---|---|---|---|

### PARTICIPE PASSIF.

| גְּלֻיּוֹת | גְּלוּיִים | גְּלוּיָה | גָּלוּי |
|---|---|---|---|

(constr.) INFINITIF. (absol.)

גְּלוֹת        גָּלֹה

### FUTUR.

| תִּגְלֶינָה | יִגְלוּ | תִּגְלֶה | תִּגְלֶה | 3. |
| תִּגְלֶינָה | תִּגְלוּ | תִּגְלִי | תִּגְלֶה | 2. |
|  | נִגְלֶה |  | אֶגְלֶה | 1. |

### IMPÉRATIF.

| גְּלֶינָה | גְּלוּ | גְּלִי | גְּלֵה |
|---|---|---|---|

## NIPHAL.

### PRÉTÉRIT.

| | | | |
|---|---|---|---|
| 3. נִגְלָה | נִגְלְתָה | | נִגְלוּ |
| 2. נִגְלֵיתָ | נִגְלֵית | נִגְלֵיתֶם | נִגְלֵיתֶן |
| 1. נִגְלֵיתִי | | | נִגְלֵינוּ |

### PARTICIPE.

נִגְלֶה     נִגְלָה | נִגְלִים     נִגְלוֹת

(constr.) *INFINITIF.* (absol.)

הִגָּלֵה     הִגָּלוֹת

### FUTUR.

| | | | |
|---|---|---|---|
| 3. יִגָּלֶה | תִּגָּלֶה | יִגָּלוּ | תִּגָּלֶינָה |
| 2. תִּגָּלֶה | תִּגָּלִי | תִּגָּלוּ | תִּגָּלֶינָה |
| 1. אֶגָּלֶה | | נִגָּלֶה | |

### IMPÉRATIF.

הִגָּלֵה     הִגָּלִי | הִגָּלוּ     הִגָּלֶינָה

*PIHEL*

## PIHEL.

| | | | |
|---|---|---|---|
| Prét. : | etc. גִּלָּה | Impér. : | etc. גַּלֵּה |
| Infin. : | גַּלֵּה, גַּלּוֹת | Part. | etc. מְגַלֶּה |
| Fut. : | etc. : יְגַלֶּה | | |

## PUHAL.

| | | | |
|---|---|---|---|
| Prét. : | etc. גֻּלָּה | Impératif manque. | |
| Infin. : | etc. גֻּלָּה, גֻּלּוֹת | Part. : | etc. מְגֻלֶּה |
| Fut. : | etc. יְגֻלֶּה | | |

## HIPHIL.

| | | | |
|---|---|---|---|
| Prét. : | etc. הִגְלָה | Impér. : | etc. הַגְלֵה |
| Infin. : | הַגְלֵה, הַגְלוֹת | Part. : | etc. : מַגְלֶה |
| Fut. : | etc. יַגְלֶה | | |

## HOPHAL.

| | | | |
|---|---|---|---|
| Prét. : | etc. הָגְלָה | Impératif manque. | |
| Infin. : | הָגְלֵה, הָגְלוֹת | Part. : | etc. מֻגְלֶה |
| Fut. : | etc. יָגְלֶה | | |

## HITHPAHEL.

| | | | |
|---|---|---|---|
| Prét. : | etc. הִתְגַּלָּה | Impér. : | etc. הִתְגַּלֵּה |
| Inf. : | הִתְגַּלֵּה, הִתְגַּלּוֹת | Part. : | etc. מִתְגַּלֶּה |
| Fut. : | etc. יִתְגַּלֶּה | | |

170. Les verbes quiescens 3.ᵉ ה, ont certaines formes apocopées qui leur sont propres. Lorsque leur futur ou leur impératif ( les personnes du moins qui n'ont pas d'adformantes ) sont précédés du ו conversif ( n.º 236 ) ou de certaines particules, circonstances dont l'effet est de faire rétrograder l'accent, la 3.ᵉ radicale ה disparaît avec la voyelle précédente ou avec le scheva de la 1.ʳᵉ radicale. Ainsi, שָׁקָה, fut. hiph. יַשְׁקֶה, avec le ו conv. וַיַּשְׁקְ; קָשָׁה, fut. kal יִקְשֶׁה, avec le ו conv. וַיִּקְשׁ; חָנָה, fut. k. יֶחֱנֶה, avec le ו conv. וַיִּחַן. Quant aux règles exactes qui déterminent l'arrangement des voyelles de ces formes apocopées, elles ne sont pas de nature à trouver place dans un ouvrage élémentaire.

* On soupçonne avec raison que ces formes apocopées correspondent à une modification du sens. Quand elles ont lieu sans ו conversif, elles donnent presque toujours au futur le sens subjonctif : חָרָה *il s'est enflammé*, אַל יִחַר *que* ( la colère ) *ne s'enflamme pas* (n.º 46 *). Mais si elles sont déterminées par le ו conversif ( dont l'effet est de donner au futur un sens passé ), elles doivent presque toujours se traduire par le *prétérit défini* (n.º 256 *).

## DIVISION IV.

## *Verbes doublement imparfaits.*

171. Les verbes doublement imparfaits sont ceux qui, ayant deux radicales déficientes ou quiescentes, peuvent réunir les imperfections propres à chacune des deux.

172. Ces verbes sont : 1.° Ceux qui ont la 1.<sup>re</sup> et la 3.<sup>e</sup> radicale déficientes ou quiescentes à la fois. Ainsi, יָצָא *il est sorti*, à l'inf. צֵאת *sortir* ( n.° 134, 154 ); נָכָה *il a frappé*, fut. hiph. יַכֶּה *il frappera* ( n.° 110, 165 ).

173. 2.° Ceux qui ont la 2.<sup>e</sup> quiescente, la 3.<sup>e</sup> déficiente. Ainsi, לוּן *il a passé la nuit*, 1.<sup>re</sup> pl. du prét. kal לַנּוּ *nous avons passé la nuit* ( n.° 124, 145 ).

174. 3.° Ceux qui sont à la fois quiescens 2.<sup>e</sup> ו ou 2.<sup>e</sup> י, et 3.<sup>e</sup> א. Ainsi, בוֹא *il est venu*, 1.<sup>re</sup> plur. du prét. kal בָּאנוּ *nous sommes venus* ( n.° 145, 153 ).

## DIVISION V.

## Affinité des verbes imparfaits.

175. Il résulte de ce que nous avons dit sur les verbes imparfaits, que presque tous ont deux radicales mobiles et invariables, tandis que la troisième est quiescente ou déficiente. Ils se présentent, par conséquent, d'ordinaire, sous une forme monosyllabique, et très-souvent bilittère : קַ, סַב, etc. Plusieurs verbes imparfaits peuvent avoir les deux mêmes radicales mobiles et constantes, et différer par la 3.ᵉ quiescente ou déficiente. Dans ce cas, quoique réellement très-différens, ils se présentent souvent sous des formes monosyllabiques ou bilittères très-ressemblantes ou même presque identiques, et il en résulte assez fréquemment entr'eux de l'*affinité* ou de la *confusion*. Par exemple צוּר, יָצַר, נָצַר, צָרָה, צָרַר, verbes très-réellement différens les uns des autres, se rapportent tous à la forme monosyllabique et bilittère צר.

176. L'affinité et la confusion dont nous parlons ont lieu :

1.° *Principalement* entre les verbes géminés et 2.ᵉ ו, comme רוּם et דָּמַם ; entre les verbes 3.ᵉ א et 3.ᵉ ה, comme קָרָא et קָרָה ; entre les verbes géminés et 3.ᵉ ה, comme רָבַב et רָבָה.

177. 2.° *Quelquefois* entre les autres classes de verbes imparfaits, quels qu'ils soient, comme les 1.ʳᵉ י et 2.ᵉ ו ;

יָצַר et צוּר ; comme les 2.ᵉ ו et 3.ᵉ ה : רוּם et רָמָה, etc.

178. 3.º Quelquefois même entre des verbes imparfaits et des verbes parfaits, mais qui ont une radicale gutturale ou *mère du discours* (n.º 6); p. ex. יָלַךְ et הָלַךְ.

179. Il y a *affinité* entre ces verbes lorsque la racine bilittère qui leur est commune à une signification déterminée, et que sans perdre cette signification, elle a reçu tour-à-tour pour 3.ᵉ radicale différentes lettres quiescentes ou déficientes. Ainsi, la racine bilittère רַב *il a été abondant*, est commune à רָבָה et רָבַב qui ont cette même signification et qui constituent réellement un même verbe sous deux formes différentes. On peut dire la même chose d'un très-grand nombre d'autres verbes ; p. ex. de דָּכַךְ, דָּכָה, דָּכָא, דוּךְ qui signifient tous également *broyer*, et dépendent de la même racine bilittère דך.

180. Il y a *confusion* lorsque des verbes réellement distincts de signification et d'origine, se trouvent avoir par hasard la même forme bilittère, et par suite du fréquent usage ou de l'incorrection du langage ordinaire, se sont quelquefois confondus, et échangent, dans l'occasion, leur forme ou leur sens. Ainsi, צוּר *il a mis à l'étroit*, et יָצַר *il a formé*; רוּם *il a été élevé*, רָמָה *il a jeté*, et רָמַם *il a été rempli de vers*.

181. Cependant, lorsqu'il y a ainsi *affinité* ou *confusion* entre des verbes différens, rarement cela entraîne-t-il un double emploi pour un même temps ou un même sens. D'ordinaire, chaque verbe n'est employé que dans

certains cas, ou pour certains temps déterminés par l'usage, et chaque temps ne se trouve non plus usité que dans l'un des verbes, quoique plusieurs verbes se trouvent avoir part à la même signification. Ainsi, il y a affinité entre les verbes טוֹב et יָטַב, qui signifient également *il a été bon*. Mais le prétérit se rencontre seulement sous la forme טוֹב; le futur sous la forme יִיטַב; l'infinitif sous la forme טוֹב; l'hiph. sous la forme הֵיטִיב, etc.

# CHAPITRE V.

## DU NOM.

## SECTION I.

### De la forme absolue.

182. Tous les noms peuvent être considérés dans leur forme absolue, comme *racines* ou *dérivés*, comme *simples* ou *allongés*. La plupart peuvent aussi être considérés comme *parfaits* ou *imparfaits* (n.º 193, 194).

### I.

183. La méthode employée dans la plupart des dictionnaires pour classer les mots, suppose

que tous les noms sont dérivés, et que leur racine se trouve toujours dans le verbe qui est formé de leurs trois radicales. Mais cette méthode, excellente comme méthode artificielle, ne doit pas être regardée comme une méthode naturelle. Beaucoup de noms, loin de dériver d'un verbe, sont eux-mêmes de véritables racines qui donnent naissance à des verbes. Par exemple :

184. On rencontre quelquefois des verbes qui ( le plus souvent usités au pihel ou à l'hiphil seulement ) ont une signification qui dérive évidemment d'un nom connu. Ainsi, הֶאֱזִין *il a prêté l'oreille*, est formé de אֹזֶן *oreille*. דִּשֵׁן *il a enlevé les cendres*, de דֶּשֶׁן *cendre*.

185. Lorsque le verbe exprime une idée générale ou abstraite, et le substantif une idée particulière et concrète, on peut soupçonner que celui-ci est la véritable racine, si du moins sa forme n'est pas *allongée* ( n.º 192 ). Ainsi, נַחַל *une vallée* et *un héritage*, doit être regardé comme la racine d'où dérive נָחַל *il est entré en possession par droit d'hérédité*. En général, on a remarqué que presque tous les noms qui servent à indiquer des animaux, des minéraux,

des végétaux, les nombres, les membres, des besoins de la vie humaine, et qui expriment les idées les plus familières, se présentent toujours sous une forme *simple* (n.º 191), et peuvent être regardés comme *racines*.

186. Les noms *dérivés* se nomment *dénominatifs* s'ils descendent d'un autre nom; ainsi, שָׁלִישׁ *officier militaire*, de שָׁלֹשׁ *trois*.

187. Ils se nomment *verbaux*, s'ils dérivent d'un verbe. Ceux-ci sont de beaucoup les plus nombreux.

188. Un grand nombre de noms *verbaux* descendent d'une Espèce particulière du verbe, en conservent la forme, et sont nommés, à cause de cela, *spéciaux*. Ainsi, du kal, קְרָב *combat*; du niphal, נִכְרְתָה *destruction*; du pihel, בִּקּוֹרֶת *recherche*; du puhal, מוֹרָא *engraissé*; de l'hiphil, מַטֶּה *verge*, תּוֹכַחַת *correction*; de l'hophal, מוּעָקָה *oppression*; de l'hithpahel, הִתְחַבְּרוּת *association*.

189. Plusieurs noms *spéciaux* descendent d'un temps particulier de l'Espèce à laquelle ils se rapportent, principalement de l'infinitif et du participe; ainsi, חָכָם *sage*, זָקֵן *vieillard*, אֹיֵב *ennemi*

*ennemi*, etc., sont des formes *participiales*. Il faut en dire autant de אָסִיר *prisonnier*, נָבִיא *prophète*; mais חֲתַת *terreur*, כְּתָב *écrit*, מִזְמֹר *cantique*, sont des formes dérivées de l'infinitif. Toutes celles que nous venons de citer appartiennent à l'Espèce kal.

* Pour comprendre comment la plupart de ces formes dérivent du participe et de l'infinitif, il faut d'abord se rappeler que les infinitifs et les participes peuvent se présenter sous les trois formes *A, E, O* (n.° 60 *, 62 *, 145), et ensuite savoir que si l'on ne retrouve pas dans tous les noms cités des formes de participes et d'infinitifs, usitées en hébreu, on y reconnaît très-aisément celles des langues sémitiques les plus voisines de l'hébreu.

190. Ces distinctions sont importantes pour arriver à la signification exacte du mot. Presque tous les noms verbaux, en effet, conservent quelque chose de la signification particulière du *verbe*, de l'*Espèce* et du *temps* desquels ils découlent. Les dérivés des infinitifs, p. ex., expriment plutôt, comme on devait s'y attendre, l'*action* indiquée par le verbe, et ce qui se rapporte à cette action, c'est-à-dire, les idées *abstraites* ( חֲתַת *terreur* ). Les dérivés

des participes, par contre, expriment plutôt le *sujet* du verbe et ce qui se rapporte à ce sujet, c'est-à-dire, les idées *concrètes* ( זָקֵן *vieillard* ).

## II.

191. On nomme *simples* les noms qui n'ont que des lettres radicales : עֶבֶד *esclave*, de עָבַד *il a servi*; אָב *père*, de אָבָה *il a aimé*. Tous les noms *racines* se rencontrent parmi les *simples*.

192. On nomme *allongés* les noms qui, avant ou après les radicales, ont une ou plusieurs des lettres serviles הָאֶמַנְתִּיךָ, les seules qui s'emploient de cette manière. C'est de là que l'on a souvent appelé ces noms, *héémantiques*. Tous sont dérivés, verbaux ( n.º 187 ) ou dénominatifs (n.º 186).

\* Quelques grammairiens prétendent trouver des rapports constans entre les diverses formes héémantiques, et la signification des noms qui en sont revêtus; mais il ne paraît pas qu'ils puissent donner là-dessus aucune règle bien certaine ou bien constante, et il est à croire qu'il faut à peu près s'en tenir à ce qui a été dit ( n.º 188, 189, 190 ) des noms spéciaux, participiaux et dérivés de l'infinitif.

## III.

193. On nomme *parfaits* les noms verbaux qui dérivent d'un verbe parfait, ou les noms racines qui, par leur forme, semblent en dériver.

194. On nomme *imparfaits* 1.° les noms verbaux qui dérivent d'un verbe imparfait, ou les noms racines qui en affectent la forme. Ainsi, il y a des noms *plurilittères*, comme זַלְעָפָה *vent brûlant du désert*. Il y en a de *défectifs*, comme יָם *la mer*. Il y en a de *quiescens*, comme שׁוּל *une frange*.

195. 2.° Il faut encore ranger parmi les *imparfaits*, des noms composés de la réunion de plusieurs formes diverses. Ainsi, עֲרָפֶל *profondes ténèbres*, de עָרַב *il a été obscur*, et אֹפֶל *ténèbres*; mais ces noms sont rares et leur origine plus ou moins incertaine.

## SECTION II.

*Changemens de forme des noms.*

196. Les changemens de forme dans les noms, résultent des distinctions de genre, de nombre, et de l'état construit.

\* Nous parlons principalement ici des changemens de terminaison. Quant aux changemens que les mouvemens de l'accent amènent dans les voyelles du corps du mot, ils seront exposés d'une manière générale chap. VII, n.º 280, etc.

## I.

197. Le genre est *masculin* ou *féminin*. Les Hébreux ne connaissent point de neutre.

198. On peut reconnaître la plupart des noms masculins, 1.º à la *terminaison*. Ils sont ordinairement terminés par une lettre radicale, comme דָּבָר *discours*, ou du moins par une servile autre que celles employées pour terminer les féminins (n.º 200). P. ex. חָרוֹן *ardeur*.

199. 2.º A la *signification*. Lors même qu'ils ont une forme féminine, quelquefois leur sens exige le masculin; ainsi, פֶּחָה *gouverneur de province*. Le sens exige le masculin, non-seulement dans les noms d'hommes, ou de fonctions particulières aux hommes, mais encore dans ceux de peuples, de montagnes et de fleuves, objets qui, en hébreu, sont tous masculins. Ainsi, פְּרָת *l'Euphrate*, לְבָנוֹן *le Liban*, sont masculins.

200. On peut aussi reconnaître les noms fémi-

nins, 1.° à la *terminaison*. Ils sont ordinairement terminés par הָ‍ ou par un ת servile (n.° 204, 205). Mais il faut examiner si la signification ne les rend point masculins (n.° 199).

201. 2.° A la *signification*. Quelques noms conservent la terminaison masculine, et sont cependant féminins, comme il est aisé de s'en apercevoir à la signification. Ainsi, אֵם *mère*, שֵׁגָל *épouse*, etc. On doit regarder comme étant démontrés féminins par leur signification, non-seulement les noms propres aux femmes et aux femelles d'animaux, mais encore ceux de *villes*, de *pays* et de membres doubles, objets qui, en hébreu, sont tous féminins. Ainsi, צוֹר *Tyr*, יָד *main*, sont féminins.

202. Plusieurs noms dont la forme est masculine, et qui ne rentrent point dans la règle précédente, sont communs, comme רוּחַ *souffle*, *esprit*. Il faut même convenir que plusieurs se rencontrent presque constamment au féminin, comme חֶרֶב *épée*, אֶרֶץ *terre*.

203. Plusieurs substantifs masculins peuvent revêtir la forme féminine précisément comme des adjectifs, quoique leur signification ne demande rien de semblable.

204. Ces substantifs et les adjectifs revêtent la forme féminine, 1.º au moyen du ה servile précédé du ָ. P. ex. גַּן et גַּנָּה *jardin*; טוֹב *bon*, טוֹבָה *bonne*.

205. 2.º Au moyen du ת servile précédé souvent, mais non pas toujours, d'un double ֶ : מִשְׁמָר et מִשְׁמֶרֶת *garde, poste militaire*. Ces deux lettres serviles ה et ת sont, avons nous vu (n.º 200), les signes les plus ordinaires du féminin, comme dans אִמְרָה *parole*, בְּהֵמַת *bête*, בְּרִית *alliance*, מַלְכוּת *royauté*.

206. Il est assez difficile de distinguer les adjectifs des substantifs. Presque tous paraissent avoir été substantifs dans l'origine, et sans cesse on emploie les uns pour les autres : טוֹב *bon*, signifie proprement *bien*; כָּבוֹד *gloire*, s'emploie pour signifier *glorieux*; יַבֶּשֶׁת (*sèche*), adj. fém. s'emploie pour désigner la *terre*, par opposition à la mer.

## II.

207. Il y a trois nombres. Le *singulier*, qui donne la forme du mot la plus régulière et la plus simple.

208. Le *duel*, qui se forme en ajoutant au sing., םִ‑ָ : שׁוֹק jambe, שׁוֹקַיִם les deux jambes. Si le singulier se termine par un ה, alors au duel cette terminaison se change en תַ‑ָ : שָׂפָה lèvre, duel שְׂפָתַיִם.

209. Le duel ne s'emploie qu'en parlant des objets doubles de leur nature, et voilà pourquoi il ne se rencontre que dans les substantifs. Ainsi, יָדַיִם les deux mains, רֵחַיִם les deux meules d'un moulin. יוֹמַיִם deux jours, nous offre cependant un exemple du duel employé pour indiquer deux objets d'entre un grand nombre.

210. Le *pluriel*, dont la terminaison masculine est יִם : טוֹב bon, טוֹבִים bons. La terminaison féminine est וֹת : יָד main, pl. יָדוֹת mains.

211. Au pluriel, le ה final du singulier disparaît : קָנֶה roseau, pl. קָנִים; טוֹבָה bonne, pl. טוֹבוֹת.

* Cela est tout-à-fait analogue à ce qui se passe dans les verbes 3.ᵉ ה ( n.° 168 ).

212. Il y a quelques noms féminins qui, au pluriel, ont la terminaison masculine, et l'on rencontre aussi l'anomalie inverse. Cette irrégularité se présente même dans les noms dont le genre est le moins équivoque, par exemple,

נָשִׁים *des femmes*, a la terminaison masculine, et אָבוֹת *des pères*, la terminaison féminine.

### III.

213. L'état construit est une modification du mot tout-à-fait étrangère aux langues de l'occident. Quand de deux substantifs qui se suivent, le second détermine la nature ou l'état du premier, en latin on le placerait au génitif. Les Hébreux au contraire ne changent rien à la forme du second, mais abrégent celle du premier; afin que, prononcé plus rapidement, il paraisse ne faire qu'un avec le second, et qu'on s'aperçoive tout de suite qu'à lui seul il n'exprime pas toute l'idée. Ainsi, l'on dit *les fils* בָּנִים, *l'homme* אָדָם; *les fils de l'homme* ne se diront pas בָּנִים אָדָם mais בְּנֵי אָדָם. Cette modification du 1.ᵉʳ substantif est ce que l'on nomme *état construit*.

214. Dans l'état construit, les noms singuliers changent ◌ָה final en ◌ַת-, et ◌ֶה en ◌ֵה-; ◌ָ et ◌ֵ de la dernière syllabe en ◌ַ : חָכְמָה *la sagesse*, à l'état construit חָכְמַת אֱלֹהִים *la sagesse de Dieu*; נָוֶה *habitation*, נְוֵה רֹעִים *la demeure des bergers*; זָקֵן *vieillard*, constr. זְקַן צִיּוֹן

*le*

*vieillard de Sion;* דָּבָר *la parole,* דְּבַר פִּי *la parole de ma bouche.* Voyez encore n.° 283.

215. Les duels des deux genres et les pluriels masculins changent dans l'état construit יִם ou יִם- en יֵ-: דְּבָרִים *paroles,* const. דִּבְרֵי חֲכָמִים *les paroles des sages.* Quant aux modifications amenées dans le corps du mot par l'état construit, voy. n.° 278, 279, 280, 281, 283, et les tableaux du ch. VIII.

216. Cet état construit se retrouve jusqu'à un certain point dans l'infinitif qui, avons nous dit ( n.° 44 ), est à la fois mode du verbe, et substantif verbal. L'inf. kal a la forme constr. פְּקֹד, aussi bien que l'absolue פָּקוֹד ( n.° 56 ); l'infinitif hiphil est הַפְקֵד, aussi bien que הַפְקִיד, et les verbes quiescens 3.e ה font à l'infinitif absolu ה, à l'infinitif construit וֹת ( n.° 164 ). Mais il faut convenir que quant à l'usage, souvent très-peu distinct, de ces deux formes, les infinitifs abandonnent l'analogie des noms.

## SECTION III, OU APPENDICE.

*Des particules séparées.*

217. Nous désignons, pour abréger, sous le nom

de *particules séparées*, tous les adverbes, et de plus les conjonctions, les prépositions et les interjections qui ne se présentent pas sous la forme d'affixes ( ch. vi ). Presque toutes ces particules sont de véritables substantifs dont l'usage a, à la longue, modifié la signification. Ainsi, רַק *seulement*, signifie proprement *une chose vaine et légère, peu de chose;* מְהֵרָה *promptement*, signifie proprement *promptitude*, etc.

218. De là vient, sans doute, que plusieurs particules séparées peuvent passer du singulier au pluriel, du masculin au féminin, et le plus souvent sans que cela résulte de leur position ou influe sur leur sens. Ainsi, au lieu de בֵּין *entre*, on dit quelquefois בֵּינַיִם ou בֵּינוֹת.

219. De là vient encore qu'elles peuvent se lier avec des noms, ou même avec d'autres particules, comme feraient de véritables substantifs, et se placer alors à l'état construit. Ainsi, אַשְׁרֵי הָאִישׁ *heureux l'homme*, mot à mot : *les félicités de l'homme;* אַחֲרֵי הַמֶּלֶךְ *après le roi*, mot à mot : *les suites du roi*, etc. Il est même des particules qui ne se présentent que sous cette forme.

* Voyez au chapitre viii, le tableau des noms de nombre.

# CHAPITRE VI.

## DES AFFIXES.

220. La langue hébraïque, et en général les langues sémitiques, expriment souvent les prépositions, les conjonctions et les pronoms par des lettres ou syllabes, qu'elles ajoutent au nom ou au verbe. Ces lettres ou syllabes ajoutées se nomment *affixes*.

221. On distingue ordinairement entre les affixes qui s'ajoutent au commencement du mot, et se nomment, par cette raison, *préfixes*, et les affixes qui s'ajoutent à la fin du mot, et se nomment, par cette raison, *suffixes*. Cette distinction n'est pas du tout analogue à la signification des *affixes* ; nous la suivrons cependant parce qu'elle est plus commode et plus facile à retenir.

## SECTION I.

### *Des préfixes.*

222. Il y a sept préfixes qui se trouvent rassemblées dans ces deux noms propres : מֹשֶׁה וְכָלֵב

( Moïse et Caleb ). Elles nous présentent un article, un pronom, des prépositions et une conjonction.

## I.

223. La préfixe הָ n'est autre chose que l'article, qui, précisément comme celui des Grecs, sert à déterminer le nom auquel il est joint : מֶלֶךְ un roi, הַמֶּלֶךְ le roi. Cette préfixe prend le patach et est suivie d'un dagesch : בַּיִת maison, הַבַּיִת *la maison.*

> \* Quelques grammairiens concluent de ce dagesch, et non sans vraisemblance, l'analogie de l'article des Hébreux avec celui des Arabes אל ; suivant eux l'article hébreu serait proprement הַל, et la lettre ל étant assimilée à la suivante, puis réunie à elle par le moyen du dagesch, il deviendrait ainsi הַ.

224. Cependant dans certains cas la préfixe הֲ n'est point article, mais particule interrogative. Alors il est vrai, elle ne paraît pas avoir la même étymologie, elle ne prend point de dagesch après elle, et elle a pour voyelle un chateph patach : בוֹא *il est venu,* הֲבוֹא *est-il venu ?*

> \* Ce הֲ interrogatif peut être envisagé comme contracté du pronom הוּא.

## II.

225. La préfixe שׁ a exactement le même sens que le pronom relatif אֲשֶׁר dont elle n'est qu'une abréviation. Elle prend le ségol ou le patach, et est toujours suivie du dagesch (qui fait la compensation, ou indique l'assimilation de la lettre ר du mot אֲשֶׁר): כַּרְמִי שֶׁלִּי *ma vigne qui est à moi.*

## III.

226. La préfixe מ a le même sens que la préposition מִן dont elle n'est non plus qu'une abréviation, savoir : *de, dès, d'entre, de la part de,* et *en comparaison de.* Elle prend le chirec, et dans la lettre suivante le dagesch (qui est aussi ici le résultat évident de l'assimilation de la lettre ן du mot מִן): מִדֶּרֶךְ *hors du chemin;* מִשֶּׁמֶשׁ *en comparaison du soleil.*

227. Cette préfixe, dans le sens de *en comparaison de,* sert aux Hébreux à exprimer le comparatif: טוֹב *bon,* טוֹב מִשֶּׁמֶן *meilleur que l'huile,* à la lettre : *bon en comparaison de l'huile.*

228. Les préfixes בּ *par, dans, en;* כּ *comme,*

*selon*, *environ*; ל *vers*, *à*, *pour*, prennent simplement le scheva. Que si la lettre suivante commence par un scheva, celui de ces préfixes se change en chirec ( n.° 28 ).

229. Devant une syllabe sur laquelle est l'accent (n.° 23, 24), c'est-à-dire devant les monosyllabes, ou les bisyllabes qui ont le ton sur la pénultième ( n.° 24 ), le scheva de ces préfixes se change en ךָ : לָנֶצַח pour לְנֶצַח.

230. Devant un scheva composé, ces préfixes prennent la voyelle brève qui lui est analogue, ( voy. encore n.° 292 ). On ne dira pas כַּאֲשֶׁר *suivant que*, *lorsque*, mais כַּאֲשֶׁר.

231. Lorsque ces mêmes préfixes בּ, כּ, ל, sont placées avant l'article ה, il se contracte avec elles et disparaît en leur laissant son patach: בַּבַּיִת *dans la maison*, pour בְּהַבַּיִת. Cette contraction est analogue à celles que nous avons remarquées dans les verbes ( n.° 67, 87, etc. ) et à celle que nous remarquerons encore dans les suffixes ( n.° 265 ).

## IV.

232. La préfixe ו signifie *et*, et a un triple emploi. Elle est 1.° *copulative*, et alors elle a le scheva. Mais ce scheva peut, comme sous

les préfixes précédentes, être changé ou modifié par diverses circonstances.

233. S'il est suivi d'un second scheva, il disparaît, et la préfixe devient quiescente en schurec; on ne dira pas וְלְכוּ *et allez*, mais וּלְכוּ. Il en est de même lorsque ce scheva est suivi d'une des lettres labiales בומף; on ne dira pas וְבֵן *et fils*, mais וּבֵן.

234. Enfin devant un scheva composé, le scheva du ו se change en la voyelle analogue, comme sous les préfixes בּ, כּ, ל, ( n.º 230, 292 ).

235. 2.º Le ו préfixe peut être *conversif du prétérit*, c'est-à-dire que, placé devant un prétérit, outre son sens ordinaire de *et*, il a encore l'effet de donner au prétérit le sens *du futur* ou de *l'impératif*. Il prend et modifie le scheva de la même manière que le ו copulatif ( n.º 232, 233, 234 ) : וּפָקַדְתִּי *et je visiterai*, au lieu de *et j'ai visité*.

---

\* Cet effet de la préfixe ו semble au premier coup-d'œil fort bizarre, et étranger à toutes les analogies de la langue. On l'a expliqué d'une manière aussi probable qu'ingénieuse, en considérant le ו comme une abréviation du verbe הוה *il a été*, et comme jouant le rôle d'un véritable verbe auxiliaire, capable de former de nouveaux temps par sa réunion au verbe principal. Voyez encore à ce sujet n.° 236 *.

236. 3.° Le ו préfixe peut encore être *conversif du futur*, c'est-à-dire que placé devant un futur, outre son sens ordinaire de *et*, il a encore l'effet de donner au futur le sens du *prétérit*. Dans ce cas il prend le patach et veut le dagesch dans la lettre suivante : וַיִּפְקֹד *et il visita*, au lieu de *et il visitera*.

* Dans ce cas, comme dans le précédent, le ו doit être regardé comme une abréviation du verbe היה, et comme un véritable verbe auxiliaire qui donne naissance à un temps nouveau. Ce temps paraît être moins le prétérit ordinaire, avec son sens vague, qu'un prétérit défini ( *il vit, il aima* ), ou un imparfait ( *il voyait, il aimait* ). Nous avons déjà indiqué cette idée n.° 46 *, 88 *, 146 *, 170 *. On dit à l'infinitif קוּם *se lever*, fut. יָקוּם *il se levera*, avec le ו conv. וַיָּקָם *et il se levait*, ou *et il se leva*; פָּקַד *il a visité*, fut. יִפְקֹד *il visitera*, avec le ו conv. וַיִּפְקֹד *et il visita* ou *et il visitait*. Cela est tout-à-fait analogue à ce qui a lieu en arabe où le verbe كان *il a été*, placé avant le futur, lui donne le sens de l'imparfait, et avant le prétérit, lui donne celui du plus que parfait.

Souvent

237. Souvent devant le futur, on trouve le ו préfixe simplement copulatif et point conversif. Alors il se distingue du ו conversif en ce qu'il ne prend pas le patach et le dagesch, mais est simplement soumis aux règles exposées n.° 232—234.

## SECTION II.

### *Des Suffixes.*

238. Parmi les suffixes, on trouve une *préposition*, des *pronoms*, des *paragoges*.

### I.

239. La *préposition* הָ (qui, vu la place qu'elle affecte, ne peut être ainsi nommée qu'improprement, et est plutôt une *postposition*) indique le lieu vers lequel on tend : נֶגֶב *le midi*, נֶגְבָּה *vers le midi*.

### II.

240. Quant aux *pronoms* suffixes, il nous faut examiner 1.° quels ils sont; 2.° de quelle voyelle chacun d'eux doit être précédé; 3.° quels changemens ils causent dans les mots auxquels ils s'ajoutent.

241. *A*) TABLEAU DES PRONOMS SUFFIXES.

1.<sup>re</sup> PERSONNE :
- sing. : ֿי et נִי.
- plur. : נוּ.

2.<sup>e</sup> PERSONNE :
- sing.
  - masc. ךָ.
  - fém. ךְ.
- plur.
  - masc. כֶם.
  - fém. כֶן.

3.<sup>e</sup> PERSONNE :
- sing.
  - masc. ֿו, וֹ, הוּ.
  - fém. ָה, ָהּ, ֶהָ.
- plur.
  - masc. מוֹ, ־ָם, הֶם.
  - fém. ־ָן, הֶן.

242. Quelques pronoms suffixes ne s'ajoutent pas indifféremment au nom et au verbe. Les uns, savoir : ֿי, וֹ, ו, הֶם et הֶן, ne s'ajoutent qu'aux noms, et par conséquent sont de véritables pronoms *possessifs* : דְבָרִי *la parole de moi*, *ma parole*; צִדְקָתוֹ *la justice de lui*, *sa justice*. D'autres, savoir : נִי et הוּ, ne s'ajoutent qu'aux verbes, et sont, par conséquent, des pronoms personnels : פְּקָדוּנִי *ils ont visité moi*, *ils m'ont visité*. Au reste, cette règle souffre beaucoup d'exceptions. Les autres pro-

noms suffixes s'emploient également dans les deux cas, et ont, par conséquent, les deux sens. ם et ך ne s'ajoutent en général qu'aux noms singuliers et aux verbes; הֶם et הֶן qu'aux noms pluriels; הָ‑ ne s'ajoute qu'aux singuliers, et même, pour les verbes, qu'à certains singuliers.

243. *B*) Le pronom suffixe s'ajoute aux noms ou aux verbes, sans aucun intermédiaire, si leur forme et la sienne le permettent, c'est-à-dire, si le nom ou le verbe finit par une consonne, en même temps que le suffixe est une voyelle ou commence par une voyelle, ou bien si le nom ou le verbe finit par une voyelle, en même temps que le suffixe est une consonne ou commence par une consonne. Ainsi, de פָּקְדוּ *ils ont visité*, et נִי *moi*, on fait פְּקָדוּנִי *ils m'ont visité*; de דָּבָר *parole*, et ו *de lui*, on fait דְּבָרוֹ *sa parole*. Mais, le plus souvent il faut introduire une voyelle nouvelle, pour lier le suffixe au mot auquel il doit s'ajouter. Voici les règles d'après lesquelles ces nouvelles voyelles se déterminent, mais qui souffrent cependant de fréquentes exceptions.

244. Le י se joint aux noms singuliers, au moyen d'un chirec, aux noms pluriels au moyen

d'un patach : יָד *main*, יָדִי *ma main* ; צָרוֹת *angoisses*, צָרוֹתַי *mes angoisses*.

245. Le נִי se joint aux prétérits des verbes au moyen d'un patach, aux autres temps ( qui sont tous dérivés de l'infinitif, le participe devant être ici considéré comme *nom*, et non comme *temps* ) au moyen d'un zeri : לָקַח *il a pris*, לְקָחַנִי *il m'a pris* ; זְכֹר *souviens-toi*, זָכְרֵנִי *souviens-toi de moi*.

246. נוּ se lie aux prétérits par un ◌ָ, aux autres temps et aux noms par un ◌ֵ : הִצִּיל *il a délivré*, הִצִּילָנוּ *il nous a délivrés* ; גּוֹאֵל *vengeur*, גּוֹאֲלֵנוּ *notre vengeur*.

247. ךָ se joint aux verbes et aux noms singuliers au moyen d'un scheva, aux pluriels au moyen d'un ségol : זָקָן *barbe*, זְקָנְךָ *ta barbe* ; גִּדֵּל *il a agrandi*, גִּדֶּלְךָ *il t'a agrandi* ; סְפָרִים *les livres*, סְפָרֶיךָ *tes livres* ( à toi homme ).

248. ךְ se joint aux verbes et aux noms singuliers au moyen du zeri, aux noms pluriels par ◌ַ : עִצָּבוֹן *douleur*, עִצְבוֹנֵךְ *ta douleur* ( à toi femme ) ; יַשְׂבִּיעַ *il rassasiera*, יַשְׂבִּיעֵךְ *il te rassasiera* ; שְׁעָרִים *les portes*, שְׁעָרַיִךְ *tes portes*.

249. Le וֹ, joint aux noms singuliers, est quiescent en cholem : joint aux noms pluriels, il demeure mobile et doit être précédé d'un ־ַ : חֶרֶב épée, חַרְבּוֹ son épée; בְּגָדִים habits, בְּגָדָיו ses habits.

250. הוּ se lie aux prétérits des verbes par un ־ָ, aux autres temps par un ־ֶ : נָשַׁךְ il a mordu, נְשָׁכְהוּ il l'a mordu; אֶקְשֹׁר je lierai, אֶקְשְׁרֵהוּ je le lierai.

251. ה se lie aux noms singuliers par le kamets et le point mappic (n.° 21), ainsi qu'à certaines personnes des verbes, mais toujours singulières. Il se lie aux autres formes du verbe par un kamets, quelquefois précédé d'un ségol ; aux noms pluriels par un kamets toujours précédé d'un ségol : בַּעַל mari, בַּעֲלָהּ son mari ; יְלָדִים des fils, יְלָדֶיהָ ses fils (en parlant d'une femme); יִפְקֹד il visitera, יִפְקְדֶהָ il la visitera.

252. הֶם et הֶן, se lient aux noms singuliers, כֶם et כֶן aux noms singuliers et aux verbes, au moyen d'un scheva ; les uns et les autres aux noms pluriels au moyen d'un zeri : עֵצָה conseil, עֲצַתְכֶם votre conseil (en parlant à

des hommes); עָצַר *il a fermé*, עֲצָרְכֶן *il vous a fermées* (c'est-à-dire rendues stériles); צָרוֹת *les angoisses*, צָרוֹתֵיהֶם *les angoisses d'eux*; חֲפָצִים *les désirs*, חֲפָצֶיךָ *les désirs d'elles*.

253. ם et ן se lient aux noms et aux prétérits au moyen d'un kamets, aux autres temps par un zéri : לָשׁוֹן *langue*, לְשׁוֹנָם *leur langue*; פָּקַד *il a visité*, פְּקָדָם *il les a visités*; יוֹשִׁיעַ *il sauvera*, יוֹשִׁיעֵן *il sauvera elles*.

254. Souvent au lieu de ם on trouve la syllabe מוֹ dans le style poétique : כִּסָּמוֹ *il les a couverts*.

255. *C.*) Un pronom suffixe fait changer de place l'accent du mot auquel il se lie, et abrége par conséquent (n.° 280) sa pénultième ou son antépénultième (et quelquefois toutes deux : n.° 281) : פָּקְדוּ *ils ont visité*, פְּקָדוּנִי *ils m'ont visité*.

256. Lorsqu'un pronom suffixe vient à s'ajouter à une forme verbale terminée par un ה quiescent, ce ה disparait. Ainsi הִגְלָה *il a emmené en captivité*, הִגְלָנוּ *il nous a emmenés* etc.

257. De la même manière, les noms qui se ter-

minent par un ה, le font disparaître devant un pronom suffixe si ce ה est radical; mais s'il est servile, ils le changent en ת : שָׂדֶה *champ*, שָׂדִי *mon champ*; שְׁאֵלָה *demande*, שְׁאֵלָתִי *ma demande*.

258. Avant un pronom suffixe les duels, et les pluriels masculins perdent leur ם, et ne conservent que le י : דְּבָרִים *les paroles*, דְּבָרֶיךָ *tes paroles*, דְּבָרָיו *ses paroles*.

259. Les pluriels féminins, avant un pronom suffixe, imitent la forme des masculins, et prennent un י entre le וֹת qui les caractérise, et le suffixe : צְדָקוֹת *les justices*, צִדְקוֹתֶיךָ *tes justices*, צִדְקוֹתָיו *ses justices*.

260. Les prétérits des verbes modifient souvent leurs terminaisons, lorsqu'ils viennent à recevoir des pronoms suf. Ainsi, 1.° הָ se change en תְ- : פָּקְדָה *elle a visité*, פְּקָדַתְהוּ *elle a visité lui*.

* Il y a une analogie évidente entre cette modification du הָ et celles que nous avons rencontrées n.° 168 *, 208, 214, 257. En général, on peut poser en principe que le ה final et servile tend à se changer en ת, lorsque le mot s'allonge ou se lie avec le suivant.

261. 2.° תְּ se change en תִּי : פָּקַדְתְּ ( toi femme ) *tu as visité*, פְּקַדְתִּינוּ *tu nous a visités.*

3.° תֶּם et תֶּן se changent en תְּ ou en תוּ : פְּקַדְתֶּם *vous avez visité*, פְּקַדְתּוּהָ *vous l'avez visitée.*

262. Les pronoms suffixes ךָ, כֶם, הֶן, הֶם, se nomment *graves* parce que, quel que soit le mot à la suite duquel ils se placent, ils reçoivent toujours l'accent tonique : de là vient qu'ils causent en général plus de changemens que les autres pronoms suffixes, dans les voyelles du mot auquel ils sont liés. Voy., du reste, chap. VII, n.° 280, 281.

263. Ces changemens se réduisent assez bien à cette règle-ci : Les mots suivis des suffixes graves éprouvent, dans leurs voyelles, les mêmes changemens que s'ils passaient à l'état construit : דְּבָרִים *les paroles*, constr. דִּבְרֵי, *tes paroles* se diront דְּבָרֶיךָ, mais *vos paroles* דִּבְרֵיכֶם ( n.° 280, 281 ).

264. L'adjonction des pronoms suffixes cause encore quelquefois diverses altérations qui ne peuvent guères se ramener à des règles fixes, et trouver place dans un ouvrage élémentaire.

265. Quelquefois les Hébreux placent un נ entre

le

le mot et son pronom suffixe : יְשַׁבְּחוּנְךָ *ils te louteront*, pour יְשַׁבְּחוּךְ. Mais placé devant le pronom suffixe הוּ, ce נ se contracte avec lui, conformément à l'habitude euphonique que nous avons si souvent rappelée ( n.º 231 ); de plus, il prend un dagesch, et la voyelle précédente devient ֶ. Ces deux dernières circonstances empêchent de confondre cette forme nouvelle avec le pronom suffixe de la 1.ʳᵉ plur. נוּ. Ainsi, יִפְקוֹד *il visitera*, יִפְקְדֶנּוּ *il le visitera* ( pour יִפְקְדֶנְהוּ et יִפְקְדֵהוּ ), mais יִפְקְדֵנוּ *il nous visitera*. Placé devant le pronom הָ, le נ inséré veut aussi le ségol et le dagesch : יִפְקְדֶנָּה *il la visitera*, pour יִפְקְדָהּ.

\* Voyez, chap. VIII, les tableaux de l'adjonction des pronoms suffixes aux noms et aux verbes.

### III.

266. Les *paragoges* sont des lettres explétives ou presque explétives, qui se rencontrent quelquefois ajoutées à la fin des mots. Les seules lettres qui se trouvent employées de la sorte sont : הוי״ן.

267. La paragoge ה est employée de trois manières différentes : 1.º Elle s'ajoute quelquefois

aux mots terminés en ָ, sans que cette circonstance puisse être considérée autrement que comme une orthographe différente et plus complète. Ainsi, נָתַתָּה *tu as donné*, est pour נָתַתָּ.

268. 2.º Souvent elle s'ajoute, précédée de ָ, à des noms dont elle ne paraît point cependant modifier le sens. Seulement cette forme paraît être propre au style poétique.

269. 3.º Elle s'ajoute enfin de la même manière, et principalement dans le style poétique, aux impératifs et aux futurs, mais alors elle modifie un peu leur sens. Elle donne aux impératifs plus de force et de vivacité : קוּם *lève-toi !* קוּמָה *allons ! debout !*

270. Quant aux futurs, cette paragoge leur donne presque toujours le sens d'impératifs ou plutôt d'optatifs. Il y a fort peu de cas où ces futurs paragogiques ne doivent pas être traduits de la sorte. Ainsi, Nomb. xx, 17. נַעְבְּרָה־נָּא ( de נַעֲבֹר ) *que nous passions, je vous prie ; permettez que nous passions* ; Gen. xi, 3. נִשְׂרְפָה נִלְבְּנָה *allons, allumons du feu, faisons cuire des briques*, etc. ( n.º 46 \* ).

271. La paragoge ו est quiescente en cholem, et

ne diffère du pronom suffixe וֹ, qu'en ce qu'elle ne modifie nullement le sens, et n'est qu'une élégance. Elle est extrêmement rare.

> \* On peut soupçonner qu'au moins dans certains cas, elle n'est autre chose que le suffixe וֹ employé par pléonasme à la manière syriaque, non pour représenter le nom déjà connu, comme font ordinairement les pronoms, mais pour indiquer le nom qui va suivre. Ainsi, au lieu de חַיַת אֶרֶץ *la bête de la terre*, on trouve (Gen. 1, 24) חַיְתוֹ אֶרֶץ, c'est-à-dire littéralement *la bête d'elle* (savoir) *de la terre*.

272. La paragoge י est quiescente en chirec, et pourrait se confondre, par sa forme, avec le pronom suffixe י, mais elle n'apporte au sens aucune modification; elle paraît seulement être une élégance propre au style poétique. Ainsi, Gen. XLIX, 11 : בְּנִי אֲתֹנוֹ *le fils de son ânesse*, est poétiquement pour בֶּן אֲתֹנוֹ.

273. La paragoge ן s'emploie de deux manières : 1.º elle peut se placer à la suite des formes verbales terminées en וּ ou יִ, et de la sorte elle est propre à la poésie, ou du moins elle donne au style une solennité particulière : יְדָעוּן pour יֵדְעוּ, תְּחִילִין pour תְּחִילִי.

\* On trouve un ou deux exemples du ן paragogique placé à la suite du verbe avec une voyelle
nouvelle ( ַ ou ָ ). Ainsi, וְתָתָן pour תֵת, 1 Rois
VI, 19.

274. 2.° Elle se place assez fréquemment entre le mot principal et un pronom suffixe, et plus souvent dans le style soutenu que dans les simples récits. Cela a surtout lieu après les futurs et après certaines particules, comme אַיִן *il n'y a pas*, יֵשׁ *il y a*, הֵן *voici*, עוֹד *encore*, etc. Ainsi, יְכַבְּדָנְנִי *il m'honorera*, Ps. L, 23, pour יְכַבְּדֵנִי (n.° 265).

## CHAPITRE VII.

### CHANGEMENS DES VOYELLES.

275. Les voyelles variables (n.° 12) sont exposées, dans les mots, à une multitude de changemens dont la théorie a toujours donné beaucoup de peine et pris beaucoup de place dans l'exposition de la grammaire hébraïque. Les règles que l'on donne à ce sujet doivent d'autant moins toutes trouver place dans un ouvrage aussi élémentaire que celui-ci, qu'elles sont soumises à de nombreuses exceptions, que la

plupart aident peu à déterminer la signification des mots, et ont peu de rapport avec les analogies de la langue véritablement importantes. Je vais seulement en exposer les principales. Les changemens dont nous parlons sont dus, ou à une cause générale, savoir l'allongement du mot, ou à des causes spéciales.

## SECTION I.

*Changemens dus à l'allongement du mot.*

276. Le mot s'allonge réellement ou est censé s'allonger :

1.º Par *déclinaison* ou *conjugaison;* lorsque du singulier masculin un nom passe au féminin, au duel ou au pluriel; lorsqu'un verbe passe d'un de ses temps principaux à une forme moins simple : גָּדוֹל *grand;* de là גְּדוֹלָה *grande,* גְּדוֹלִים *grands,* etc.; פָּקוֹד *visiter;* de là תִּפְקֹדְנָה *elles visiteront,* etc.

277. 2.º Par *suffixion.* Voy. n.º 238, 239, 240, etc., 266, etc.

278. 3.º Par *état construit.* Voy. n.º 213, 214, 215. L'état construit, il est vrai, n'allonge pas réellement le mot, mais produit à peu près les

mêmes effets sur lui que ferait un allongement réel, en lui enlevant son accent tonique, et en le liant avec le suivant, avec lequel le nom construit est dès lors censé ne faire qu'un seul mot.

279. L'effet le plus ordinaire de ces divers allongemens est d'abréger ou de faire disparaître la dernière ou l'avant-dernière voyelle, lors du moins qu'elles sont variables.

280. Si l'allongement est de nature à faire avancer d'une place l'accent tonique, les mots qui ont à la syllabe pénultième une voyelle longue et variable, la perdent d'ordinaire, et la remplacent par le scheva. C'est là le cas le plus fréquent dans les déclinaisons et conjugaisons, dans beaucoup de singuliers construits et dans l'adjonction des suffixes légers (c'est-à-dire non *graves*, n.° 262). Ainsi, גָּדוֹל, fém. גְּדוֹלָה; לֵבָב, pl. לְבָבִים; פָּקַד, 2. pl. פְּקַדְתֶּם; פָּקִיד, constr. פְּקִיד (n.° 255).

281. Si l'allongement est de nature à faire avancer de deux places l'accent tonique, les mots qui, outre le changement de la pénultième dont nous venons de parler, ont encore, à la dernière syllabe du mot absolu, une voyelle longue et variable, la perdent de même et

la remplacent également par le scheva. C'est ce qui arrive assez souvent, par exemple lors de l'adjonction des suf. graves, aussi bien que dans les pluriels constr. où le passage du singulier au pluriel a fait faire un premier pas à l'accent, et où le passage de l'état absolu à l'état construit en fait faire un second. Ainsi, דָּבָר *parole*, pl. דְּבָרִים, premier pas de l'accent et première voyelle perdue ; constr. דִּבְרֵי pour דְּבָרֵי, second pas et seconde voyelle perdue ; *vos paroles* דִּבְרֵיכֶם ( n.º 263 ).

282. Les mots ( noms ou verbes ) défectifs de la 2.ᵉ radicale, lorsqu'ils viennent à s'allonger réellement, prennent le dagesch dans leur dernière radicale ( voyez, n.º 118, l'exposition du principe de cette règle ), et alors ceux qui se terminent par une syllabe longue la rendent ordinairement brève : סָבַב, hiphil הֵסֵב, 2.ᵉ sing. הֲסִבּוֹתָ ; גַּן, fém. גַּנָּה ; יָם, pl. יַמִּים.

283. Certaines formes de noms, par suite soit de l'état construit, soit d'autres allongemens, subissent des altérations considérables qui leur sont particulières. Ainsi, les noms simples ( n.º 191 ) qui ont un ָ sous la 1.ʳᵉ radicale

et un ְי pour la 2.ᵉ, se contractent alors en une seule syllabe qui prend le ֵ : בַּיִת *maison*, בֵּית אֵל *maison de Dieu*. Les noms simples qui ont un ָ sous la 1.ʳᵉ radicale et un ְו pour la 2.ᵉ, changent celui-ci en וֹ quiescent, par une contraction analogue : מָוֶת *mort*, מוֹתוֹ *sa mort*.

284. Les mots terminés par un ֵ, le perdent presque toujours lorsque le mot vient à s'allonger par déclinaison ou par conjugaison : פּוֹקֵד, פּוֹקְדָה. Cependant certaines formes s'obstinent à le conserver : רָעֵב *affamé*, pl. רְעֵבִים.

285. Quand les mots terminés en ַ viennent à s'allonger, ce ַ se change en ָ : שַׁד *mamelle*, duel שָׁדַיִם; שְׁמַע *écoute*, שְׁמָעֵנִי *écoute-moi*.

* Certaines formes cependant font, en ce cas, disparaître le ַ, et le remplacent par un scheva : בַּר *fils*, בְּרִי *mon fils*; פָּקַד pl. פָּקְדוּ.

286. On nomme *ségolés* certains noms disyllabiques qui ont, sous la 2.ᵉ radicale, une voyelle brève et le plus souvent un ségol. Ainsi, סֵפֶר *un livre*, עֶבֶד *un esclave*, רֹמַח *une lance*. Ces noms sont sujets à divers changemens de voyelles, trop compliqués pour être exposés ici. Nous nous contenterons de dire qu'au singulier

singulier la voyelle brève de la 2.ᵉ radicale se change en scheva quand le mot s'allonge, et devient kamets au pluriel : שֶׁכֶם *épaule*, שִׁכְמוֹ *son épaule*; דֶּרֶךְ *chemin*, pl. דְּרָכִים

* Pour l'application de ces règles aux noms en particulier, et pour les cas dont nous n'avons pu parler, voyez les tableaux *des variations de forme des noms*, chap. VIII.

## SECTION II.

*Changemens dus à des causes spéciales.*

287. La voyelle finale et longue d'un mot suivi du maccaph ( n.° 22 ), se change dans la voyelle brève qui lui est analogue : מָה *combien*, מַה־טּוֹב *combien bon*.

* Le maccaph peut être considéré comme produisant un véritable allongement dans le mot qu'il lie au suivant, et de là vient que son effet est analogue à celui d'un allongement ordinaire.

288. Lorsque le dagesch caractéristique est exclu par la nature de la lettre où il devrait se placer ( n.° 20, 104 ), si cette lettre est précédée des voyelles brèves ֻ, ִ, ֶ, elles se transforment

en leurs analogues longues ָ, ֵ, וֹ. Ainsi, מָרַק, pr. puh. מוֹרַק; עָשָׂה, fut. niph. יֵעָשֶׂה.

289. Les accens suspensifs ( n.º 25 ), quand ils indiquent la fin d'un sens, font changer en ָ les voyelles ַ, ֶ et ִ sur lesquelles ils se trouvent placés : גָּבֶר, à la fin de la phrase, est pour גֶּבֶר, et יָצָאוּ pour יָצְאוּ. Mais si c'est un ְ qui serve à lier le pron. suf. ךָ ( n.º 247 ), ils le changent en ֶ : בְּיָדֶךָ, à la fin de la phrase, est pour בְּיָדְךָ.

290. Les gutturales changent en scheva composé le scheva simple qu'elles devraient avoir : עֲבוֹד servir, est pour עְבוֹד ( n.º 103 ).

\* Cela n'est rigoureusement vrai que des schevas mobiles ou qui commencent la syllabe (n.º 15 \*).

291. Le א, de plus que les autres gutturales, change habituellement le chirec en ֶ.

292. Lorsque la 1.<sup>re</sup> radicale est gutturale, a un scheva composé, et est précédée d'une lettre servile, la voyelle de la lettre servile, et le scheva composé de la gutturale sont toujours analogues ; אָנַק, fut. k. תֶּאֱנַק pour תְּאֱנַק; עָמַד, יַעֲבוֹד il servira, pour יְעֲבוֹד; fut. hoph. תָּעֳמַד, pour תְּעֳמַד; לָחֳלִי pour לְחֳלִי, etc. (n.º 230, 234).

293. Lorsqu'un schéva composé se trouve, par quelque modification du mot, devoir être suivi d'un schéva simple, il est remplacé par la brève à laquelle il était analogue. Ainsi, on dit : חֳלִי *une maladie*, avec un suffixe חָלְיוֹ pour חֳלְיוֹ; חֲכָמִים *les sages*, constr. חַכְמֵי pour חֲכְמֵי.

* Voyez l'application des règles relatives aux gutturales, dans les tableaux, ch. VIII.

294. Le patach se change en ségol devant une gutturale qui a pour voyelle un ֲ : אֶחָיו *ses frères*, est pour אַחָיו; בְּעֶנָן *dans la nue*, pour בְּעַנָן.

## CHAPITRE VIII.
### TABLEAUX ET EXEMPLES.

Pour faciliter aux commençans l'intelligence des règles de la Grammaire, on ajoute ici d'abord quelques tableaux commodes à consulter, et relatifs aux verbes modifiés par des gutturales, aux noms, aux noms de nombre et aux pronoms suffixes; ensuite la traduction et l'analyse de deux fragmens des livres saints, l'un historique, l'autre poétique.

# I.er TABLEAU.

*Verbes qui ont une gutturale parmi leurs radicales, comparés au verbe parfait.* (Application des n.ºˢ 288--293.)

## KAL.

|  | v. parf. | v. 1.ʳᵉ gutt. | v. 2.ᵉ gutt. | v. 3.ᵉ gutt. |
|---|---|---|---|---|
| Pr. 3.ᵉ s. m. : | שָׁפַט | עָמַד | זָעַק | שָׁמַע |
| — 3.ᵉ fém. : | שָׁפְטָה | עָמְדָה | זָעֲקָה | שָׁמְעָה |
| — 2.ᵉ m. : | שָׁפַטְתָּ | עָמַדְתָּ | זָעַקְתָּ | שָׁמַעְתָּ |
| Part. actif : | שֹׁפֵט | עֹמֵד | זֹעֵק | שֹׁמֵעַ |
| — passif : | שָׁפוּט | עָמוּד | זָעוּק | שָׁמוּעַ |
| Inf. absolu : | שָׁפוֹט | עָמוֹד | זָעוֹק | שָׁמוֹעַ |
| — constr. : | שְׁפֹט | עֲמֹד | זְעֹק | שְׁמֹעַ |
| Fut. 3.ᵉ m. : | יִשְׁפֹּט | יַעֲמֹד | יִזְעַק | יִשְׁמַע |
| — 2.ᵉ f. : | תִּשְׁפְּטִי | תַּעֲמְדִי | תִּזְעֲקִי | תִּשְׁמְעִי |
| — 3.ᵉ pl. f. : | תִּשְׁפֹּטְנָה | תַּעֲמֹדְנָה | תִּזְעַקְנָה | תִּשְׁמַעְנָה |
| Impératif : | שְׁפֹט | עֲמֹד | זְעַק | שְׁמַע |

## NIPHAL.

|  | v. parf. | v. 1.ʳᵉ gutt. | v. 2.ᵉ gutt. | v. 3.ᵉ gutt. |
|---|---|---|---|---|
| Pr. 3.ᵉ s. m. : | נִשְׁפַּט | נֶעֱמַד | נִזְעַק | נִשְׁמַע |
| — 3.ᵉ fém. : | נִשְׁפְּטָה | נֶעֶמְדָה | נִזְעֲקָה | נִשְׁמְעָה |
| — 2.ᵉ m. : | נִשְׁפַּטְתָּ | נֶעֱמַדְתָּ | נִזְעַקְתָּ | נִשְׁמַעְתָּ |
| Participe : | נִשְׁפָּט | נֶעֱמָד | נִזְעָק | נִשְׁמָע |

Infinitif

|  | v. parf. | v. 1.re gut. | v. 2.e gut. | v. 3.e gut. |
|---|---|---|---|---|
| Infinitif : | הִשָּׁפֵט | הֵעָמֵד | הִזָּעֵק | הִשָּׁמֵעַ |
| Futur : | יִשָּׁפֵט | יֵעָמֵד | יִזָּעֵק | יִשָּׁמֵעַ |
| Impératif : | הִשָּׁפֵט | הֵעָמֵד | הִזָּעֵק | הִשָּׁמֵעַ |

## PIHEL.

| Pr. 3.e s. m. : | שִׁפֵּט | (régulier.) | מֵאֵן et שִׂחֵק | שִׁלַּח |
| --- | --- | --- | --- | --- |
| —— 3.e fém. : | שִׁפְּטָה |  | שִׂחֲקָה | שִׁלְּחָה |
| —— 2.e m. : | שִׁפַּטְתָּ |  | שִׂחַקְתָּ | שִׁלַּחְתָּ |
| Infinitif : | שַׁפֵּט |  | שַׂחֵק et בַּעֵר | שַׁלֵּחַ |
| Fut. 3.e m. : | יְשַׁפֵּט |  | יְשַׂחֵק | יְשַׁלַּח |
| —— 2.e fém. : | תְּשַׁפְּטִי |  | תְּשַׂחֲקִי | תְּשַׁלְּחִי |
| —— 3.e pl. f. : | תְּשַׁפֵּטְנָה |  | תְּשַׂחֵקְנָה | תְּשַׁלַּחְנָה |
| Impératif : | שַׁפֵּט |  | שַׂחֵק | שַׁלַּח |
| Participe : | מְשַׁפֵּט |  | מְשַׂחֵק | מְשַׁלֵּחַ |

## HIPHIL.

| Pr. 3e s. m. : | הִשְׁפִּיט | הֶעֱמִיד | הִזְעִיק | הִשְׁמִיעַ |
| --- | --- | --- | --- | --- |
| —— 3.e f. : | הִשְׁפִּיטָה | הֶעֱמִידָה | (régulier.) | הִשְׁמִיעָה |
| —— 2.e m. : | הִשְׁפַּטְתָּ | הֶעֱמַדְתָּ |  | הִשְׁמַעְתָּ |
| Infinitif : | הַשְׁפִּיט | הַעֲמִיד |  | הַשְׁמִיעַ |
| Fut. 3.e m. : | יַשְׁפִּיט | יַעֲמִיד |  | יַשְׁמִיעַ |
| Forme apoc. : | יַשְׁפֵּט | יַעֲמֵד |  | יַשְׁמַע |
| —— 2.e f. : | תַּשְׁפִּיטִי | תַּעֲמִידִי |  | תַּשְׁמִיעִי |

( 126 )

|  | v. parf. | v. 1.ʳᵉ gutt. | v. 2.ᵉ gutt. | v. 3.ᵉ gutt. |
|---|---|---|---|---|
| —— 3.ᵉ pl. f. : | תִּשְׁפֹּטְנָה | תַּעֲמֵדְנָה | (régulier) | תַּשְׁמַעְנָה |
| Impératif : | הַשְׁפֵּט | הַעֲמֵד |  | הַשְׁמִיעַ |
| Participe : | מַשְׁפִּים | מַעֲמִיד |  | מַשְׁמִיעַ |

## HOPHAL.

| Pr. 3.ᵉ s. m. : | הָשְׁפַּט | הָעֳמַד | הָזְעַק | הָשְׁמַע |
| —— 3.ᵉ f. : | הָשְׁפְּטָה | הָעָמְדָה | הָזְעֲקָה | הָשְׁמְעָה |
| etc. |  |  |  |  |

---

## II.ᵉ TABLEAU.

*Manière dont se modifient les diverses formes de noms, par allongemens ou gutturales.* (Application des n.ᵒˢ 207–215, 277–286, 290–293.)

|  | 1.ʳᵉ forme. | 2.ᵉ forme a. | 2.ᵉ forme b. | 3.ᵉ forme. |
|---|---|---|---|---|
| Sing. absol. : | סוּס | דָּם | עוֹלָם | פָּקִיד |
| —— constr. : | סוּס | דַּם | עוֹלָם | פְּקִיד |
| avec suff. a : | סוּסִי | דָּמִי | עוֹלָמִי | פְּקִידִי |
| —— idem b : | סוּסְכֶם | דַּמְכֶם | עוֹלַמְכֶם | פְּקִידְךָ |
| Plur. absol. : | סוּסִים | דָּמִים | עוֹלָמִים | פְּקִידִים |
| —— constr. : | סוּסֵי | דְּמֵי | עוֹלְמֵי | פְּקִידֵי |
| — avec suff. a : | סוּסַי | דָּמַי | עוֹלָמַי | פְּקִידַי |
| — id. b (graves) : | סוּסֵיכֶם | דְּמֵיכֶם | עוֹלְמֵיכֶם | פְּקִידֵיכֶם |
| Duel absolu : | יוֹמַיִם | מֶלְקָחַיִם | יָדַיִם | שִׁבְעַיִם |
| Duel const. : | . . . . . . . | יְדֵי | . . . . . . . | . . . . . . . |

( 127 )

| | 4.e form. a | 4.e form. b | 5.e form. a | 5.e form. b |
|---|---|---|---|---|
| Sing. absol. : | דָּבָר | חָכָם | זָקֵן | חָצֵר |
| —— constr. : | דְּבַר | חֲכַם | זְקַן | חֲצַר |
| —— avec suff. a : | דְּבָרִי | חֲכָמִי | זְקֵנִי | חֲצֵרִי |
| —— avec suff. b : | דְּבַרְכֶם | חֲכַמְכֶם | זְקַנְכֶם | חֲצַרְכֶם |
| Plur. absol. : | דְּבָרִים | חֲכָמִים | זְקֵנִים | חֲצֵרִים |
| —— constr. : | דִּבְרֵי | חַכְמֵי | זִקְנֵי | חַצְרֵי |
| — av. suf. a : | דְּבָרַי | חֲכָמַי | זְקֵנַי | חֲצֵרַי |
| — id. b (graves) : | דִּבְרֵיכֶם | חַכְמֵיכֶם | זִקְנֵיכֶם | חַצְרֵיכֶם |
| Duel absol. : | כְּנָפַיִם | . . . . . | יְרֵכַיִם | . . . . . |
| Duel const. : | כַּנְפֵי | . . . . . | | |

| (SÉGOLÉS.) | 6.e form. a | 6.e form. b | 6.e form. c | 6.e form. d |
|---|---|---|---|---|
| Sing. absol. : | מֶלֶךְ | סֵפֶר | קֹדֶשׁ | נַעַר |
| —— constr. : | מֶלֶךְ | סֵפֶר | קֹדֶשׁ | נַעַר |
| — av. suff. a : | מַלְכִּי | סִפְרִי | קָדְשִׁי | נַעֲרִי |
| — av. suff. b : | מַלְכְּכֶם | סִפְרְכֶם | קָדְשְׁכֶם | נַעַרְכֶם |
| Plur. absol. : | מְלָכִים | סְפָרִים | קָדָשִׁים | נְעָרִים |
| —— constr. : | מַלְכֵי | סִפְרֵי | קָדְשֵׁי | נַעֲרֵי |
| — av. suf. a : | מְלָכַי | סְפָרַי | קָדָשַׁי | נְעָרַי |
| — id. b (graves) : | מַלְכֵיכֶם | סִפְרֵיכֶם | קָדְשֵׁיכֶם | נַעֲרֵיכֶם |
| Duel absolu : | רַגְלַיִם | כִּפְלַיִם | מָתְנַיִם | נְהָרַיִם |
| Duel const. : | רַגְלֵי | . . . . . | מָתְנֵי | נַהֲרֵי |

( 128 )

|  | 6.e f. e. | 6.e f. f. | 6.e f. g. | 6.e f. h. | 6.e f. i. |
|---|---|---|---|---|---|
| Sing. abs. : | נֶצַח | פֹּעַל | מָוֶת | חַיִל | לְחִי |
| — const. : | נֶצַח | פֹּעַל | מוֹת | חֵיל | לְחִי |
| av. suf. a : | נִצְחִי | פָּעֳלִי | מוֹתִי | חֵילִי | לְחִי |
| av. suf. b : | נִצְחֲכֶם | פָּעָלְכֶם | מוֹתְכֶם | חֵילְכֶם | לְחִיכֶם |
| Pl. abs. : | נְצָחִים | פְּעָלִים | ...... | שׁוֹקִים | חֲיָלִים | לְחָיִים |
| — const. : | נִצְחֵי | פָּעֳלֵי | ...... | ...... | ...... |
| av. suf. a : | נִצְחַי | פְּעָלַי | ...... | ...... | ...... |
| id. b (grav.) : | נִצְחֵיכֶם | פַּעֲלֵיכֶם | ...... | ...... | ...... |
| Duel abs. : | ...... | ...... | ...... | ...... | לְחָיַיִם |
| Duel const. : | ...... | ...... | ...... | ...... | ...... |

|  | 7.e f. a. | 7.e f. b. | 8.e f. a. | 8.e f. b. |
|---|---|---|---|---|
| Sing. absolu : | אוֹיֵב | שֵׁם | עַם | אֵם |
| — constr. : | אוֹיֵב | שֵׁם | עַם | אֵם |
| — av. suf. a : | אוֹיְבִי | שְׁמִי | עַמִּי | אִמִּי |
| — av. suf. b : | אוֹיִבְכֶם | שִׁמְכֶם | עַמְּכֶם | אִמְּכֶם |
| Plur. absol. : | אוֹיְבִים | שֵׁמוֹת | עַמִּים | אִמּוֹת |
| — constr. : | אוֹיְבֵי | שְׁמוֹת | עַמֵּי | ...... |
| — av. suf. a : | אוֹיְבַי | שְׁמוֹתַי | עַמַּי | ...... |
| — id. b. (graves) : | אוֹיְבֵיכֶם | שְׁמוֹתֵיכֶם | עַמֵּיכֶם | ...... |
| Duel absolu : | מֹאזְנַיִם | ...... | אַפַּיִם | שְׁנַיִם |
| Duel constr. : | מֹאזְנֵי | ...... | אַפֵּי | שְׁנֵי |

Singul.

|  | 8.ᵉ forme c. | 9.ᵉ forme a. | 9.ᵉ forme b. |
|---|---|---|---|
| Singul. absolu : | חֹק | חָזֶה | עֹלֶה |
| —— construit : | חָק | חֲזֵה | עֹלֵה |
| — avec suff. a : | חֻקִּי | חָזִי | עֹלִי |
| — avec suff. b : | חָקְכֶם | חֲזְכֶם | עֹלְכֶם |
| Pluriel absolu : | חֻקִּים | חָזִים | עֹלִים |
| Plur. construit : | חֻקֵּי | חֲזֵי | עֹלֵי |
| — avec suff. a : | חֻקַּי | חֲזַי | עֹלַי |
| — id. b (graves) : | חֻקֵּיכֶם | חֲזֵיכֶם | עֹלֵיכֶם |

Duel : ( ne se rencontre pas dans ces formes. )

## NOMS FÉMININS.

|  | 1.ʳᵉ forme. | 2.ᵉ f. a. | 2.ᵉ f. b. | 2.ᵉ f. c. |
|---|---|---|---|---|
| Sing. absolu : | סוּסָה | שָׁנָה | שָׁנָה | מַלְכָּה |
| Sing. const. : | סוּסַת | שְׁנַת | שְׁנַת | מַלְכַּת |
| S. av. suf. a. : | סוּסָתִי | שְׁנָתִי | שְׁנָתִי | מַלְכָּתִי |
| S. av. suf. b. : | סוּסַתְכֶם | שְׁנַתְכֶם | שְׁנַתְכֶם | מַלְכַּתְכֶם |
| Plur. absolu : | סוּסוֹת | שָׁנוֹת | שָׁנוֹת | מַלְכוֹת |
| Plur. const. : | סוּסוֹת | שְׁנוֹת | שְׁנוֹת | מַלְכוֹת |
| Pl. avec suf. : | סוּסוֹתַי | שְׁנוֹתַי | שְׁנוֹתַי | מַלְכוֹתַי |
| Duel absolu : | . . . . . | שְׂפָתַיִם | מָאתַיִם | יַרְכָּתַיִם |
| Duel constr. : | . . . . . | שִׂפְתֵי | מָאתֵי | יַרְכָּתֵי |

|  | 3.ᵉ forme b. | 3.ᵉ f. c. | 4.ᵉ f. a. | 4.ᵉ f. b. |
|---|---|---|---|---|
| Sing. absol. : | חֶרְפָּה | חָרְבָּה | יוֹנֶקֶת | כֻּתֹּנֶת |

|  | 3.e forme b. | 3.e f. c. | 4.e f. a. | 4.e f. b. |
|---|---|---|---|---|
| Sing. const. : | חֶרְפַּת | חָרְבַּת | יוֹנֶקֶת | כֻּתֹּנֶת |
| — av. suf. a : | חֶרְפָּתִי | חָרְבָּתִי | יוֹנַקְתִּי | כֻּתָּנְתִּי |
| — av. suf. b : | חֶרְפַּתְכֶם | חָרְבַּתְכֶם | יוֹנַקְתְּכֶם | כֻּתָּנְתְּכֶם |
| Plur. absolu : | חֲרָפוֹת | חֳרָבוֹת | יוֹנְקוֹת | כֻּתֳּנוֹת |
| Plur. const. : | חֶרְפוֹת | חָרְבוֹת | יוֹנְקוֹת | כֻּתֳּנוֹת |
| — avec suf. : | חֶרְפוֹתַי | חָרְבוֹתַי | יוֹנְקוֹתַי | . . . . . |
| Duel absolu : | רִקְמָתַיִם | . . . . . | מְצִלְתַּיִם | נְחֻשְׁתַּיִם |

Duel const. : ne se rencontre pas dans ces formes.

## III.e TABLEAU.

### NOMS DE NOMBRE.

(CARDINAUX.)

|  | masc. | | fém. | |
|---|---|---|---|---|
|  | absol. | constr. | absol. | constr. |
| 1. | אֶחָד | אַחַד | אַחַת | . . . . . |
| 2. | שְׁנַיִם | שְׁנֵי | שְׁתַּיִם | שְׁתֵּי |
|  |  | (pour שְׁנַתַיִם) | (pour שְׁנְתֵי) |  |

| Forme masculine, | Forme féminine, |
|---|---|
| mais qui s'accorde avec le substantif féminin. | mais qui s'accorde avec le substantif masculin. |

(Voyez syntaxe, sect. XXVII, 1.)

|  | absol. | constr. | absol. | constr. |
|---|---|---|---|---|
| 3. | שָׁלוֹשׁ | שְׁלוֹשׁ | שְׁלוֹשָׁה | שְׁלֹשֶׁת |

|  | absol. | constr. | absol. | constr. |
|---|---|---|---|---|
| 4. | אַרְבַּע | ..... | אַרְבָּעָה | אַרְבַּעַת |
| 5. | חָמֵשׁ | חֲמֵשׁ | חֲמִשָּׁה | חֲמֵשֶׁת |
| 6. | שֵׁשׁ | ..... | שִׁשָּׁה | שֵׁשֶׁת |
| 7. | שֶׁבַע | שְׁבַע | שִׁבְעָה | שִׁבְעַת |
| 8. | שְׁמֹנֶה | ..... | שְׁמֹנָה | שְׁמֹנַת |
| 9. | תֵּשַׁע | תְּשַׁע | תִּשְׁעָה | תִּשְׁעַת |
| 10. | עֶשֶׂר | ..... | עֲשָׂרָה | עֲשֶׂרֶת |

| 11. | אַחַד עָשָׂר (et עַשְׁתֵּי עָשָׂר) | 20. | עֶשְׂרִים | 100. | מֵאָה |
| --- | --- | --- | --- | --- | --- |
|  |  | 30. | שְׁלוֹשִׁים | 200. | מָאתַיִם |
| 12. | שְׁנֵי עָשָׂר etc. | 40. | אַרְבָּעִים etc. | 1000 | אֶלֶף |

### ORDINAUX.

|  | masc. | fém. |  | masc. | fém. |
|---|---|---|---|---|---|
| 2.ᵉ | שֵׁנִי | שֵׁנִית | 4.ᵉ | רְבִיעִי | רְבִיעִית |
| 3.ᵉ | שְׁלִישִׁי | שְׁלִישִׁית | 5.ᵉ | חֲמִישִׁי | חֲמִישִׁית etc. |

## IV.ᵉ Tableau.

*Manière dont les pronoms suffixes s'ajoutent aux noms.* (Application des n.ᵒˢ 240—265.)

| AUX NOMS MASCULINS. | Sing. נַעַר serviteur. | | Plur. נְעָרִים serviteurs. | |
|---|---|---|---|---|
| | av. suff. s. | av. suff. pl. | av. suff. s. | av. suff. pl. |
| 1.ʳᵉ pers. comm. | נַעֲרִי mon serviteur. | נַעֲרֵנוּ notre serviteur. | נְעָרַי mes serviteurs. | נְעָרֵינוּ nos serviteurs. |
| 2.ᵉ pers. masc. : | נַעַרְךָ ton serviteur. | נַעַרְכֶם votre serviteur. | נְעָרֶיךָ tes serviteurs. | נַעֲרֵיכֶם vos serviteurs. |
| ——— fém. : | נַעֲרֵךְ ton serviteur. | נַעַרְכֶן votre serviteur. | נְעָרַיִךְ tes serviteurs. | נַעֲרֵיכֶן vos serviteurs. |
| 3.ᵉ pers. masc. : | נַעֲרוֹ le servit.ʳ de lui. | נַעֲרָם le servit.ʳ d'eux. | נְעָרָיו les servit.ʳˢ de lui. | נַעֲרֵיהֶם les servit.ʳˢ d'eux. |
| ——— fém. : | נַעֲרָהּ le servit.ʳ d'elle. | נַעֲרָן le servit.ʳ d'elles. | נְעָרֶיהָ les servit.ʳˢ d'elle. | נַעֲרֵיהֶן les servit.ʳˢ d'elles. |

| AUX NOMS FÉMININS. | Sing. תּוֹרָה loi. | | Plur. תּוֹרוֹת lois. | |
|---|---|---|---|---|
| | av. suf. s. | av. suff. pl. | av. suff. s. | av. suff. pl. |
| 1.re pers. com. | תּוֹרָתִי ma loi. | תּוֹרָתֵנוּ notre loi. | תּוֹרוֹתַי mes lois. | תּוֹרוֹתֵינוּ nos lois. |
| 2.e pers. masc. | תּוֹרָתְךָ ta loi. | תּוֹרַתְכֶם votre loi. | תּוֹרוֹתֶיךָ tes lois. | תּוֹרוֹתֵיכֶם vos lois. |
| ——— fém. | תּוֹרָתֵךְ ta loi (de toi fem.e) | תּוֹרַתְכֶן votre loi (de vous femmes) | תּוֹרוֹתַיִךְ tes lois (de toi femme.) | תּוֹרוֹתֵיכֶן vos lois (de vous femmes) |
| 3.e pers. masc. | תּוֹרָתוֹ la loi de lui | תּוֹרָתָם la loi d'eux. | תּוֹרוֹתָיו les lois de lui. | תּוֹרוֹתֵיהֶם les lois d'eux. |
| ——— fém. | תּוֹרָתָהּ la loi d'elle. | תּוֹרָתָן la loi d'elles. | תּוֹרוֹתֶיהָ les lois d'elle. | תּוֹרוֹתֵיהֶן les lois d'elles. |

## V.e TABLEAU.

*Manière dont les pronoms suffixes s'ajoutent aux verbes.* (Application des n.os 240–265.)

| KAL. PRÉT. SING. | 3.e masc. | 3.e fém. | 2e masc. | 2.e f. et 1re c. |
|---|---|---|---|---|
| | שָׁבַר | שָׁבְרָה | שָׁבַרְתָּ | שָׁבַרְתְּ / שָׁבַרְתִּי |
| Suf. 1.re p. c. s. | שְׁבָרַנִי | שְׁבָרַתְנִי | שְׁבַרְתַּנִי | שְׁבַרְתִּינִי |
| ——— pl. | שְׁבָרָנוּ | שְׁבָרַתְנוּ | שְׁבַרְתָּנוּ | שְׁבַרְתִּינוּ |

( 134 )

| | | | |
|---|---|---|---|
| —2.ᵉ p. s. m. | שְׁבָרְךָ | שְׁבַרְתָּךָ | ......... | שְׁבַרְתִּיךָ |
| ——— f. | שְׁבָרֵךְ | שְׁבַרְתֶּךָ | ......... | שְׁבַרְתִּיךְ |
| ——— pl. m. | שְׁבֶרְכֶם | שְׁבַרְתְכֶם | ......... | שְׁבַרְתִּיכֶם |
| ——— f. | שְׁבָרְכֶן | שְׁבַרְתְכֶן | ......... | שְׁבַרְתִּיכֶן |
| —3.ᵉ p. s. m. { | שְׁבָרֵהוּ שְׁבָרוֹ | שְׁבַרְתָּהוּ שְׁבַרְתּוֹ | שְׁבַרְתָּהוּ שְׁבַרְתּוֹ | שְׁבַרְתִּיהוּ שְׁבַרְתִּיו |
| ——— f. | שְׁבָרָהּ | שְׁבַרְתָּהּ | שְׁבַרְתָּהּ | שְׁבַרְתִּיהָ |
| ——— p. m. { | שְׁבָרֵם שְׁבָרְמוֹ | שְׁבַרְתָּם | שְׁבַרְתָּם | שְׁבַרְתִּים |
| ——— f. | שְׁבָרֵן | שְׁבַרְתָּן | שְׁבַרְתָּן | שְׁבַרְתִּין |

| PRÉT. PLUR. | 3.ᵉ com. שָׁבְרוּ | 2ᵉ m. et 2.ᵉ f. שְׁבַרְתֶּם שְׁבַרְתֶּן | 1.ʳᵉ com. שָׁבַרְנוּ | Infinitif. שְׁבֹר |
|---|---|---|---|---|
| Suf. 1.ʳᵉ p. c. s. | שְׁבָרוּנִי | שְׁבַרְתּוּנִי | ......... | שָׁבְרִי...et ...נִי |
| ——— pl. | שְׁבָרוּנוּ | שְׁבַרְתּוּנוּ | ......... | שָׁבְרֵנוּ |
| —2.ᵉ p. s. m. | שְׁבָרוּךָ | ......... | שְׁבָרוּנוּךָ | שָׁבְרְךָ |
| ——— f. | שְׁבָרוּךְ | ......... | שְׁבָרוּנוּךְ | שָׁבְרֵךְ |
| ——— pl. m. | שְׁבָרוּכֶם | ......... | שְׁבָרוּנוּכֶם | שָׁבְרְכֶם שָׁבְרְכֶם |
| ——— f. | שְׁבָרוּכֶן | ......... | שְׁבָרוּנוּכֶן | שָׁבְרְכֶן שָׁבְרְכֶן |

| | | | | |
|---|---|---|---|---|
| 3.e p. s. m. | שְׁבָרוּהוּ | שְׁבַרְתּוּהוּ | שְׁבָרְנוּהוּ | שְׁבָרֻהוּ / שָׁבְרוּ |
| —— f. | שְׁבָרוּהָ | שְׁבַרְתּוּהָ | שְׁבַרְנוּהָ | שְׁבָרָהּ / שָׁבְרָה |
| —— pl. m. | שְׁבָרוּם | שְׁבַרְתּוּם | שְׁבַרְנוּם | שְׁבָרֵם / שָׁבְרֵם |
| —— f. | שְׁבָרוּן | שְׁבַרְתּוּן | שְׁבַרְנוּן | שְׁבָרֵן / שָׁבְרֵן |

| | 1.re pers. sing. com. אֶגְזֹל | 2.e p. s. f. תִּגְזְלִי | 3.e p. pl. m. יִגְזְלוּ |
|---|---|---|---|
| FUTUR. | | | |
| Suf. 1.re p.e com. s.r : | ־ֵנִי .... et אֶגְזְלֵנִי | תִּגְזְלִינִי | יִגְזְלוּנִי |
| —— pl. : | אֶגְזְלֵנוּ | תִּגְזְלִינוּ | יִגְזְלוּנוּ |
| —— 2.e p. com. sing. : | ךָ .... et אֶגְזָלְךָ | ...... | יִגְזְלוּךָ |
| —— fém. : | אֶגְזְלֵךְ | ...... | יִגְזְלוּךְ |
| —— pl. masc : | אֶגְזָלְכֶם | ...... | יִגְזְלוּכֶם |
| —— fém. : | אֶגְזָלְכֶן | ...... | יִגְזְלוּכֶן |
| —— 3.e p. sing. m. : | לוֹ .... et אֶגְזְלֵהוּ | תִּגְזְלִיהוּ | יִגְזְלוּהוּ |
| —— fém. : | הָ .... et אֶגְזְלָהּ | תִּגְזְלִיהָ | יִגְזְלוּהָ |
| —— pl. masc. : | אֶגְזְלֵם | תִּגְזְלִים | יִגְזְלוּם |
| —— fém. : | אֶגְזְלֵן | תִּגְזְלִין | יִגְזְלוּן |

*N. B.* Les 2.ᵉ masc. sing., 3.ᵉ m. s. et 1.ʳᵉ pl. נְגָזֵל et יִגְזֹל, תִּגְזֹל reçoivent les suffixes absolument comme אֶגְזֹל.

La 2.ᵉ pl. m. תִּגְזְלוּ les reçoit comme יִגְזְלוּ.

Les 2.ᵉ et 3.ᵉ pl. f. perdent, devant les suffixes, la terminaison נָה, et ne peuvent se distinguer par leur forme, des personnes masculines terminées en וּ.

| IMPÉRATIF. | 2.ᵉ sing. masc. גְּזֹל | 2.ᵉ sing. f. גִּזְלִי | 2.ᵉ pl. m. גִּזְלוּ |
|---|---|---|---|
| Suf. 1.ʳᵉ p.ᵉ com. s. : | גָּזְלֵנִי | גִּזְלִינִי | גִּזְלוּנִי |
| —————— plur. : | גָּזְלֵנוּ | גִּזְלִינוּ | גִּזְלוּנוּ |
| — 3.ᵉ pers. sing. m. : | גָּזְלֵהוּ et גָּזְלוֹ | גִּזְלִיהוּ | גִּזְלוּהוּ |
| —————— fém. : | גָּזְלָהּ et גָּזְלָה | גִּזְלִיהָ | גִּזְלוּהָ |
| —————— pl. m. : | גָּזְלֵם | גִּזְלִים | גִּזְלוּם |
| —————— fém. : | גָּזְלֵךְ | גִּזְלִין | גִּזְלוּךְ |

*N. B.* La 2.ᵉ pl. f. גְּזֹלְנָה devant les suffixes prend la forme גְּזֹלוּ.

# FRAGMENS.

## I.er FRAGMENT. — GENÈSE XLV, 25—28.

25 וַיַּעֲלוּ מִמִּצְרָיִם וַיָּבֹאוּ אֶרֶץ כְּנַעַן אֶל־יַעֲקֹב
26 אֲבִיהֶם׃ וַיַּגִּדוּ לוֹ לֵאמֹר עוֹד יוֹסֵף חַי וְכִי־הוּא
מֹשֵׁל בְּכָל־אֶרֶץ מִצְרָיִם וַיָּפָג לִבּוֹ כִּי לֹא־הֶאֱמִין
27 לָהֶם׃ וַיְדַבְּרוּ אֵלָיו אֵת כָּל־דִּבְרֵי יוֹסֵף אֲשֶׁר דִּבֶּר
אֲלֵהֶם וַיַּרְא אֶת־הָעֲגָלוֹת אֲשֶׁר־שָׁלַח יוֹסֵף
28 לָשֵׂאת אֹתוֹ וַתְּחִי רוּחַ יַעֲקֹב אֲבִיהֶם׃ וַיֹּאמֶר
יִשְׂרָאֵל רַב עוֹד־יוֹסֵף בְּנִי חָי אֵלְכָה וְאֶרְאֶנּוּ
בְּטֶרֶם אָמוּת׃

### TRADUCTION.

25 (*Les frères de Joseph*) quittèrent l'Egypte et allèrent au pays de Canaan, vers Jacob leur père. 26. Ils lui dirent : Joseph vit encore, et même il commande à toute l'Egypte. (*Jacob*) fut comme hors de lui, car il ne pouvait les croire; 27. mais ils lui répétèrent tout ce que leur avait dit Joseph, il vit les chariots que Joseph avait envoyés pour l'amener; alors il revint à lui-même, 28. et dit : C'est assez; Joseph, mon fils, vit encore; j'irai et je le verrai avant de mourir.

( *TRADUCTION LITTÉRALE.* )

℣. 26. *Et ils montèrent d'Egypte, et ils allèrent ( dans la ) terre de Canaan, vers Jacob, père d'eux.*

וַיַּעֲלוּ *et ils montèrent.* ו préfixe, *et ;* de plus change le futur en passé ( n.° 236 ), prend à cause de cela la voyelle ־ַ , et est suivi du dagesch. יַעֲלוּ 3.ᵉ pers. plur. du futur kal du v. עָלָה *il est monté.* La forme parfaite de ce mot serait יַעֲלֵהוּ comme יִפְקְדוּ ; mais ce verbe étant défectif de la 5.ᵉ ה, la perd devant ו, augment asyllabique ( n.° 168 ); la 2.ᵉ radicale ע étant gutturale, change son ־ְ en ־ֲ ( n.° 290 ), et la préformante י prend à cause de cela le ־ַ ( n.° 292 ).

מִמִּצְרַיִם *d'Egypte.* מ préf. sign. *de, hors de,* prend le ־ִ , et est suivi du dagesch ( n.° 226 ). מִצְרַיִם pour מִצְרַיִם parce qu'il y a une pause équivalente à une virgule, et marquée par un athenach ( n.° 289 ). מִצְרַיִם nom de l'Egypte, forme du duel, peut-être parce qu'on la distinguait en haute et en basse.

וַיָּבֹאוּ *et ils allèrent.* ו conversif ( n.° 236 ) comme dans וַיַּעֲלוּ ; 3.ᵉ pers. pl. du f. k. du v. בּוֹא *il est allé,* v. quiescent de la 2.ᵉ ו et de la 3.ᵉ א ( n.° 174 ). Il n'est affecté ici que de la première de ces deux imperfections ; la 2.ᵉ ו est quiescente en cholem et même déficiente (n.º 146 *), et la préformante, à cause de cela, prend la voyelle longue ‾ָ (n.º 146). בּוֹא signifie proprement *entrer*, et en parlant du soleil, *se coucher*.

אֶרֶץ *terre*, subst. comm. (n.º 202); *terre* dans tous les sens, *globe*, *sol* ou *pays*. Sans préposition ni préfixe, comme régime direct du v. בּוֹא entrer dans quelque endroit.

כְּנַעַן *Canaan*; ainsi nommée d'un petit-fils de Noé, Gen. X, 6. Deux points perpendiculaires au dessus de ce mot, sont la marque du petit sakeph qui équivaut à une virgule (n.º 25).

אֶל *vers*, préposition.

יַעֲקֹב *Jacob*, nom propre.

אֲבִיהֶם *père d'eux*. הֶם suffixe de la 3.ᵉ pers. plur. masculine *eux*. אֲבִי de אָב; ce mot, ainsi que אָח *frère*, et חָם *beau-père*, prend un י devant les affixes, par une anomalie spéciale; אָב *père* a pour racine אָבָה *il a aimé*, *il a été enclin*.

℣. 26. *Et ils déclarèrent à lui en disant : Encore Joseph vivant ! et même lui dominant sur toute terre d'Égypte. Et fut troublé le cœur de lui, car non il croyait à eux.*

וַיַּגִּדוּ *et ils déclarèrent*. ו conversif; 3.ᵉ pl. du f. hiph. du verbe נָגַד défectif de la 1.ʳᵉ נ; pour יַנְגִּידוּ, le נ est assimilé à la lettre suivante ג et lui est inséré par le dagesch (n.º 110). נָגַד n'est pas usité au kal; à l'hiphil, הִגִּיד signifie : *il a fait connaître, il a mis devant les yeux.* נֶגֶד *devant, vis-à-vis;* נָגִיד *prince, général, qui marche à la tête.*

לוֹ *à lui.* Mot composé de לְ préfixe, signe du datif ( n.° 228 ), et de וֹ suffixe et pronom possessif ( n.° 241 ) de la 3.e pers. sing. masc.

לֵאמֹר *en disant,* forme irrégulière mais habituelle pour לֶאֱמֹר. La préfixe לְ devrait avoir ici le ֱ pour conserver l'affinité avec le scheva composé ( n.° 292 ); elle se place souvent devant les infinitifs, soit sans altérer leur sens, soit en leur donnant comme ici celui du gérondif. אֱמֹר serait pour אְמֹר, scheva composé au lieu du simple, à cause de la gutturale א. Inf. const. k. du v. אָמַר *il a dit.*

עוֹד *encore, de nouveau,* particule. Proprement c'est un substantif qui signifie *la continuation, la durée.* Le verbe de ces 3 radicales est עוּד *il a témoigné.*

יוֹסֵף *Joseph,* nom propre.

חַי *vivant,* adj., et subst. signifiant *la vie.* Racine : חָיָה il a vécu.

וְכִי *et même.* Préfixe וְ *et;* כִּי *même,* conj. proprement : *car, parce que, pourquoi, quoique.*

הוּא *lui,* pronom personnel de la 3.e pers. sing. masc. ( n.° 36 ). Fréquemment, comme ici, ce pronom se construit sans verbe avec un participe, et supplée le verbe *être* : *lui dominant,* pour *il est dominant, il domine.*

מֹשֵׁל *dominant.* Part. act. k. du v. מָשַׁל *il a dominé et il a comparé;* de là מֹשֶׁל *empire,* et מָשָׁל *comparaison, proverbe.*

בְּכָל־ *sur toute.* Préfixe בְּ *sur, dans.* כָּל adj. *tout,* proprement substantif, *totalité.* Rac. כָּלַל *il a consommé.* Le trait maccaph unit ce mot au suivant.

וַיִּפָּג *et fut troublé.* ( Ce mot recommence un nouveau sens, ainsi que nous l'indique l'accent suspensif athenach sous le mot précédent. ) ו conversif; 3.ᵉ sing. masc. du f. k. du v. défect. de la 2.ᵉ ו : פּוּג *languir, se troubler, défaillir.* Conformément aux règles des défectifs de la 2.ᵉ ו, la préformante a une voyelle longue ־ָ ( n.º 146 ), et à cause du ו conversif la 2.ᵉ ו disparaît complètement ( n.º 146 * ).

לִבּוֹ *le cœur de lui.* ו suffixe nominal, ou pronom personnel de la 3.ᵉ sing. masc.; לֵב *cœur,* subst. masc.; le mot s'allongeant, le ־ֵ s'abrège en ־ִ, et la dernière radicale prend un dagesch, lequel indique que ce mot est dérivé des défectifs de la 2.ᵉ ( n.º 282 ), et que sa forme complète est לֵבָב. En effet, on dit לֵבָב *cœur,* et on rencontre le verbe לָבַב, mais peu usité, dénominatif, et d'une signification incertaine.

לֹא *non,* particule.

הֶאֱמִין *il croyait,* 3.ᵉ sing. masc. du prét. hiph. du v. אָמַן *il a été ferme, il a été fidèle, il a élevé;* hiph. *il a regardé comme ferme, comme fidèle, il a cru.* הֶאֱמִין est pour הֶאְמִין parce que la gutturale א veut un scheva composé ( n.º 290 ), et que la syllabe caractéristique הֿ doit prendre une voyelle brève analogue à ce scheva composé ( n.º 292 ). De cette racine vient entr'autres אָמֵן *certainement, amen.*

לָהֶם *à eux.* Mot formé du לְ préfixe, *à*, et du suffixe de la 3.ᵉ pers. plur. masc. הֶם *eux.* Le לְ prend le ◌ָ au lieu du ◌ְ, parce qu'il est devant un monosyllabe ( n.º 229 ).

℣. 27. *Et ils dirent à lui toutes les paroles de Joseph, qu'il avait dites à eux, et il vit les chars qu'avait envoyés Joseph pour porter lui, et vécut l'esprit de Jacob, père d'eux.*

וַיְדַבְּרוּ *et ils dirent.* ו conversif; 3.ᵉ pl. masc. du f. pih. du v. דָּבַר *il a dit, il a parlé;* pih. דִּבֵּר même sign.; fut. יְדַבֵּר etc.

אֵלָיו *à lui.* Forme pl. de אֶל *vers*, prép. ( ℣. 25 ) avec ו suffixe de la 3.ᵉ masc. *lui.* Ce suffixe est lié par le י et le ◌ָ comme à un nom pluriel ( n.º 249, 258 ). Il faut se souvenir que אֶל comme les autres particules originairement substantifs, se présente presqu'indifféremment sous la forme singulière ou plurielle ( n.º 218, 219 ), absolue ou construite. On dira également *vers*, אֶל ou אֱלֵי ( plur. constr. ), et *vers lui*, אֵלוֹ ou אֵלָיו. Dans ce même verset, on a אֲלֵיהֶם forme également plurielle de אֶל avec le suff. de la 3.ᵉ pl. masc.

אֵת ne peut se traduire, et est un simple signe destiné à faire connaître que le mot suivant est le régime direct, et doit être mis à l'accusatif. Quelquefois ce mot est une préposition et signifie *avec*; dans ce cas avec un pron. suffixe le ־ֵ se change en ־ִ, tandis que lorsque ce mot indique l'accusatif, le ־ֵ se change en וֹ : אוֹתְךָ *te*, אִתְּךָ *avec toi*. Ce mot enfin peut aussi être substantif, et signifie alors *le soc de la charrue*.

דִּבְרֵי *les paroles*, constr. ( n.o 213, 215 ) de דְּבָרִים, plur. de דָּבָר *parole*, subst. m. Racine דָּבַר *il a dit* ( voyez plus haut ). דָּבָר parole, signifie également *chose*, précisément comme en latin *verbum*. Au pluriel, le mot s'allongeant, et l'accent changeant de place, la 1.re voyelle se change en scheva, et le mot devient דְּבָרִים ( n.o 280 ); pour passer à l'état construit, l'accent fait un nouveau mouvement et la 2.e voyelle se perd aussi ( n.o 281 ); le mot devient דְּבְרֵי, et pour éviter deux schevas de suite au commencement de la syllabe, דִּבְרֵי

אֲשֶׁר *que*, pronom relatif indéclinable; ici, comme en latin et en français, non-seulement il indique la relation, mais encore il est un véritable pronom et remplace le substantif précédent ( *quæ dixerat* ); souvent au contraire il faut après אֲשֶׁר un 2.e pronom pour tenir lieu du substantif précédent ( *quæ dixerat illa* ) v. n.o 58*.

דִּבֶּר *il avait dites.* Forme moins régulière pour דִּבֵּר 3.e sing. du pr. pih. du v. דָּבַר ; voyez plus haut.

אֲלֵהֶם *à eux.* Mot composé de אֶל *vers* et הֶם suff. de la 3.e pl. masc. voyez plus haut.

וַיַּרְא *et il vit.* ו conversif ; forme apocopée pour יַרְאֶה 3.e sing. du f. hiph. du v. רָאָה *il a vu* ; hiph. *il a fait voir, il a montré,* mais avec le ו conversif, il signifie le plus souvent, par confusion avec le kal, *il a vu, il vit* ; hiph. inf. הַרְאָה d'après les règles des quiescens 3.e ה, fut. יַרְאֶה, et avec le ו conv., souffre l'apocope (n.° 170) : וַיַּרְא.

הָעֲגָלוֹת *les chars.* ה article, devrait régulièrement faire prendre un dagesch à la lettre suivante. Mais cette lettre étant gutturale repousse le dagesch, et il en résulte l'allongement de la voyelle précédente de ־ en ־.

עֲגָלוֹת plur. du nom fémin. עֲגָלָה *char ;* plusieurs autres mots des mêmes radicales, et qui tous représentent l'idée de course rapide, ou de course en rond nous ramènent à la rac. עָגַל *il a tourné, couru en rond,* inusitée en hébreu, mais qui se retrouve dans les langues voisines.

שָׁלַח *avait envoyés,* 3.e sing. du prét. k. du v. שָׁלַח *il a envoyé.*

לָשֵׂאת *pour porter.* Préf. לְ signe de l'infinitif, lui donne le sens du gérondif. שֵׂאת inf. k. du v. נָשָׂא *porter.* Ce verbe cumule les imperfections de deux classes : comme

I.re

tre בּ il est déficient, et perd ce בּ à l'infinitif construit où il devrait avoir un scheva ( n.º 110 ). De plus cet infinitif affecte de préférence la forme féminine (n.º 111). Comme 3.e א, ce v. est quiescent et la forme féminine de l'infinitif se contracte en אֶת ( n.º 154 ).

אֹתוֹ *lui.* Mot composé de אֵת signe de l'accusatif, et וֹ suff. de la 3.e sing. masc. Voyez plus haut.

וַתְּחִי *et vécut.* ו conversif. Forme apocopée pour תִּחְיֶה 3.e s. fém. du f. k. du v. חָיָה *il a vécu* ( voyez plus haut ). Comme verbe quiescent 3.e ה, il fait au f. k. תִּחְיֶה ( n.º 165 ); à cause du ו convers., il souffre une apocope ( n.º 170 ); par affinité avec le י seconde radicale, le scheva qui devrait se placer sous le ח se change en chirec, et le mot entier prend alors la forme וַתְּחִי

רוּחַ *l'esprit;* subst. com. *souffle, vent, haleine, esprit, ame.* Rac. רָוַח *il a été au large, il y a eu du relâche, il y a eu le temps de respirer,* et de là le v. hiph. הֵרִיחַ *il a aspiré l'odeur,* etc.

v. 28. *Et dit Israël : Assez! Encore Joseph mon fils vivant! Que j'aille, et je verrai lui avant que je meure.*

וַיֹּאמֶר *et dit.* ו convers.; 3.e sing. du fut. k. du v. אָמַר *il a dit* ( v. plus haut ). Ce verbe est quiescent 1re א, et au f. k. le א est quiescent en cholem ( n.º 130 ). Pour éviter la cacophonie, il prend alors le fut. E, et le cholem de la 2.e rad. devient zéri ( n.o 150 ). Voilà comment au lieu de יֹאמֹר il fait au fut. יֹאמַר. יִשְׂרָאֵל Israël, autre nom de Jacob.

רַב assez, adv. proprement adj. nombreux, abondant, puissant. Rac. רָבַב il a été nombreux, puissant. רַב est aussi substantif et signifie maître, plur. syr. Rabbin, titre donné ensuite par respect aux docteurs juifs.

בְּנִי mon fils. י suffixe nominal ou pronom possessif de la 1.re pers. mon. בֵּן fils, rac. בָּנָה il a bâti. Il ne faut pas confondre avec בֵּין entre.

אֵלְכָה que j'aille, ou j'irai; ה paragog. donne au fut. le sens subjonctif (n.o 270). אֵלֵךְ j'irai, 1.re s. du f. k. du v. יָלַךְ il est allé. Ce v. quiescent 1.re י est du nombre de ceux qui ( n.o 134 ) ont le fut. E et font disparaître le י ; voilà comment au lieu de אִילוֹךְ forme parfaite de la 1.re du f. k., il fait אֵלֵךְ

וָאֶרְאֵנוּ et je verrai lui. ו copulatif, et ; il se distingue ici du conversif en ce qu'il a le ָ et non le ַ ( n.o 232, 256 ). ו contracté de הוּ, suffixe verbal de la 3.e pers. s. masc. Ce suffixe se lie avec le v. par le נ épenthétique ( n.o 265 ), et se contracte avec lui d'après une habitude euphonique ( n.o 265, 67, 87, 91, 95 ); ainsi נְהוּ se change en נוּ qu'il faut soigneusement distinguer de נוּ suf. de la 1.re pers. pl. (n.o 265). — Le verbe dégagé des affixes est אֶרְאֶה 1.re pers. s.

du f. k. du v. רָאָה *il a vu* ( voyez plus haut ); ce v. étant *quiescent* 3.e הִ, prend au fut. le ségol sous la 2.e radicale ( n.º 165 ) et perd son ה devant une suffixe ( n.º 256 ).

בְּטֶרֶם *avant que*. בְּ préfixe, *dans*. טֶרֶם adv. sign. *avant que*. Originairement substantif, sign. *absence* (n.º 217); de là sa combinaison avec des préfixes, autrement inexplicable. בְּטֶרֶם sign. donc proprement *en l'absence*.

אָמוּת *je meure*, litt. *je mourrai*. Mais le futur a quelquefois le sens du subjonctif, lors même que comme ici il n'est point modifié par des paragoges, ou par la forme apocopée. אָמוּת 1.re s. du f. k. du v. מוּת *mourir*. Ce verbe *quiescent* 2.e ו change cette 2.e rad. en ו au fut. k. ( n.º 144 ), et allonge la préformante ( n.º 146 ).

II.e FRAGMENT. — PSAUME XCIII.

1. יְהוָה מָלָךְ גֵּאוּת לָבֵשׁ לָבֵשׁ יְהוָה עֹז הִתְאַזָּר
2. אַף־תִּכּוֹן תֵּבֵל בַּל־תִּמּוֹט : נָכוֹן כִּסְאֲךָ מֵאָז
3. מֵעוֹלָם אָתָּה : נָשְׂאוּ נְהָרוֹת יְהוָה נָשְׂאוּ נְהָרוֹת
4. קוֹלָם יִשְׂאוּ נְהָרוֹת דָּכְיָם : מִקֹּלוֹת מַיִם רַבִּים
5. אַדִּירִים מִשְׁבְּרֵי־יָם אַדִּיר בַּמָּרוֹם יְהוָה : עֵדֹתֶיךָ נֶאֶמְנוּ מְאֹד לְבֵיתְךָ נַאֲוָה־קֹדֶשׁ יְהוָה לְאֹרֶךְ יָמִים :

ARGUMENT.

Ce psaume, malgré son extrême brièveté, fait un tout complet, est plein de beautés poétiques, et présente, à un haut degré, les caractères propres aux poësies des livres saints. Il est aisé d'y remarquer, en effet, d'abord l'élévation des pensées, la rapidité du style, la sublimité des images; en second lieu, cette extrême concision qui résulte si souvent, chez les Hébreux, de l'abondance et de la vivacité des idées. Se pressant les unes les autres, souvent dans les Psaumes et les Prophètes, elles ne laissent au poëte que le tems de les indiquer par un mot. La langue hébraïque, avec sa syntaxe rapide, ses nombreuses ellipses, son emploi multiplié des substantifs et des infinitifs, son peu de soin des particules, des conjonctions et des verbes, se prête merveilleusement à ce genre de style peu précis, il est vrai, peu philosophique, mais éminemment poëtique, et qui produit, sur l'imagination, un effet dont les langues de l'Occident ne peuvent donner aucune idée. L'on trouve enfin, dans ce psaume, ce qui fait en particulier le caractère habituel des poësies de David : une âme profondément émue par les grandes scènes de la nature, et que ce spectacle fait toujours remonter à son auteur, ramène toujours aux bienfaits de la révélation. C'est là le sentiment qui a inspiré ce cantique. Trop court pour qu'on puisse y chercher un plan, une succession régulière de sentimens et d'idées; il ne doit être considéré que comme le premier mouvement d'une ame pieuse, élevée par l'inspiration divine. C'est un cri d'admiration à la vue du Dieu qui, créateur de l'univers, plus ancien que le monde, plus terrible que la tempête, plus puissant que l'onde irritée, est encore le Dieu de la révélation, le Dieu saint dont la parole immuable sera, dans tous les âges, l'admiration et la joie des mortels.

La traduction que nous en donnons est bien loin de la concision de l'original, puisque, quoique nous ayons sacrifié l'élégance, l'harmonie et presque la correction du style, pour conserver le mouvement et la rapidité du texte, il y a encore tel mot de l'hébreu qui n'a pu être rendu que par une phrase entière.

### TRADUCTION.

1. L'Eternel règne. Il s'est revêtu, l'Eternel s'est revêtu de majesté! il est ceint de force! voilà la terre affermie; elle ne sera point ébranlée. 2. Ton trône, o Dieu, demeure immobile dès l'éternité! Dès l'éternité tu es! 3. Les fleuves ont fait entendre, o Eternel! les fleuves ont élevé leur voix, les fleuves ont fait entendre le fracas de leurs ondes! 4. Plus que le

mugissement des eaux, des eaux irritées, effrayantes, plus que les flots de la mer furieuse, o Eternel! toi qui règnes au plus haut des Cieux, tu es plus terrible et plus redoutable encore! 5. Tes révélations et tes lois sont fermes et inviolables! Ta maison, o Eternel, sera parée de sainteté jusque dans la suite des âges!

( *TRADUCTION LITTÉRALE.* )

v. 1. *L'Eternel règne! La majesté il a revêtu, il a revêtu, l'Eternel! De force il s'est ceint! même est affermie la terre; non elle sera ébranlée.*

יְהֹוָה *l'Eternel.* Nom de Dieu, tiré de l'idée d'existence, et traduit, à cause de cela, par *l'Eternel.* C'est le nom mystérieux indiqué ordinairement par ses quatre consonnes, et dont les voyelles sont inconnues, les Juifs ne se permettant jamais de le prononcer. Celles qu'il a dans nos Bibles imprimées sont celles du mot אֲדֹנָי (*seigneur*) que les Juifs prononcent à la place de יְהֹוָה, toutes les fois qu'ils trouvent ce dernier mot. La racine est הָוָה *il a été.* La forme de יהוה ( 3.ᵉ s. du f. de ce v. ) conduit donc à croire que ce nom signifie IL EST.

מָלָךְ *règne*, 3.ᵉ s. m. du pr. k.; מֶלֶךְ *Roi.*

גֵּאוּת *majesté*; subst. f. Expression poëtique qui s'emploie pour exprimer les idées de magnificence, de sublimité, la hauteur des cieux, le tumulte de la tempête, la grandeur de Dieu. Rac. גָּאָה *il a été puissant, il a été élevé.*

לָבֵשׁ *il s'est revêtu*, 3.ᵉ s. m. du pr. k. Ce v. s'emploie également avec le pr. *A* et le pr. *E* ( n.º 59 ) לָבַשׁ et לָבֵשׁ, sign. *il s'est revêtu*, ou plutôt *il a mis* ( un vêtement ), car le régime est ordinairement direct comme ici גֵּאוּת. De là vient לְבוּשׁ *un vêtement*, et proprem. *le vêtement extérieur.* La répétition de ce verbe, l'inversion de son sujet indiquent admirablement l'agitation et les transports du poëte sacré.

עֹז *de force.* עֹז, subst. masc., *force, puissance.* Le verbe suivant veut un régime direct; c'est pour cela qu'il n'y a point de préfixe avant עֹז, quoiqu'en français il ait fallu suppléer *de*. Le יְהֹוָה qui précède, et que nous avons regardé comme sujet de לָבֵשׁ, pourrait aussi se rapporter à cette phrase-ci, et on traduirait : *L'Eternel de force s'est ceint.* La phrase n'en serait ni moins rapide, ni moins poétique.

הִתְאַזָּר *s'est ceint.* Pour הִתְאַזֵּר, à cause de la pause ( n.º 289 ) indiquée par l'athenach ( n.º 25 ). 3.ᵉ s. m. du pr. hithpah. du v. אָזַר *ceindre* et *se ceindre.* Hith. pahel *se ceindre soi-même*, qui se prend pour *s'armer*, métaph. qui se retrouve en grec. De ce v. אֵזוֹר *ceinture*, subst. masc.

אַף *même.* Partic., originairement subst. *accumulation*, devenue conjonction par l'usage. Racine אָפַף *il a entouré*; en arabe, *il a accumulé*; אַף peut être subst., sign. *nez*, *colère*, mais alors il appartient à la forme אָנַף

תִּכּוֹן *est affermie* 3.e s. fém. du f. niph. du v. כּוּן *il a affermi, il a disposé, il a établi*. Le futur a ici, comme souvent, le sens du présent, à moins, cependant, que, conservant le sens futur, on ne traduisît : *La terre va être affermie*, dans l'hypothèse que ce psaume est destiné à décrire et célébrer la création ( voyez plus bas ). Remarquez encore que le verbe arabe corresp. כאן sign. *il a été*; proprement, *il a été disposé, établi, créé*. Le v. כּוּן est quiescent 2.e ו, et fait, par conséquent, au fut. niph., תִּכּוֹן ( n.º 144 ), au lieu de תִּכָּוֵן ou תִּכֹּן. De ce v., כֵּן, subst. m., *ordre, arrangement*, et delà adv. *ainsi*. תִּכּוֹן pourrait aussi bien être le niph. de בָּנַן qui a le même sens que כּוּן ( n.º 176 ). C'est un exemple de l'affinité qui peut se trouver entre les verbes imparfaits ( n.º 179 ).

תֵּבֵל *La terre*. Propr., la terre cultivée et habitable, tandis que אֶרֶץ est la terre en général, avec ses plaines et ses montagnes; mais ici תֵּבֵל se prend dans le sens ordinaire de אֶרֶץ. Rac. v. hiph. הוֹבִיל ( de la forme יבל ) *il a rapporté* ( des récoltes ), *il a fait aller, il a conduit*. יְבוּל, subst. comm., *produit, récolte*. יוֹבֵל *corne de bélier, son du cor*, et de là *fête du Jubilé*. ( *Jubilé* vient de יוֹבֵל. )

בַּל *non.* Particule négative; se dit aussi בְּלִי. Tous deux sont proprement subst., sign. *manque, déficit, absence.* Rac. בָּלָה *il a été usé, détruit.*

תִּמּוֹט *elle sera ébranlée.* 3.e s. fém. du f. niph. du v. מוֹט *il a chancelé, il a remué.* Ce verbe quiescent de la 2.e ו comme. כּוּן, fait au f. niph. תִּמּוֹט comme כּוּן faisait תִּכּוֹן.

Ce verset est fort remarquable par la vivacité avec laquelle le psalmiste entre en matière. Il semble que, passant des ténèbres du cahos à la lumière, il aperçoive tout d'un coup la terre parée de ses beautés, et le créateur dans tout l'éclat de sa magnificence. Plusieurs interprètes regardent ce psaume comme destiné à célébrer la création, et ce commencement est bien propre à confirmer cette conjecture.

₰. 2. *Immobile ton trône depuis alors! Depuis l'éternité*, TOI.

נָכוֹן *immobile, ferme, solide, créé.* Partic. ou pr. niph. du v. כּוּן, voyez plus haut. Quiescent 2.e ו, il fait au pr. et au part. נָכוֹן pour נָכְוֹן ( n.o 144 ) part. et prét. o du niph. La syllabe caractéristique prend une voyelle longue par suite de cette quiescence (n.o 146). Si נָכוֹן est le prétérit, la phrase : *ton trône est immobile* est complète : si c'est le participe, il faut sous-entendre le v. être, mais cette ellipse est assez fréquente pour que ce dernier cas soit le plus probable.

כִּסְאֲךָ *ton trône*. Pronou suff. ךָ, *toi*, *ton* (n.º 241) s'unit au mot par un ךָ ( n.º 247 ), mais ce ךָ se change en ךָ à cause de la gutturale א. Le mot absolu est כִּסֵּא ou, comme il s'écrit plus habituellement, כִּסֵּא *trône, tribunal, siége d'honneur*. La racine paraît être, par une confusion du א avec le ה, כָּסָה *il a couvert, il a étendu un tapis*.

מֵאָז *depuis alors*. Préf. מ; voyez Gen. XLV, 25. Au lieu du ךָ elle prend ךָ parce que le dagesch voulu par la préf. מ ne peut se placer dans la gutturale א ( n.º 288 ). אָז conj. *alors*, et ici, dans un sens qui est peut-être son sens originaire, subst. *éternité, ancienneté*, car les Hébreux n'ont point de mots pour exprimer l'éternité, et l'indiquent par des images ou des idées analogues comme le temps *ancien*, le temps *antérieur*, le temps *inconnu*, le temps *à venir*. Au reste si on veut traduire ici littéralement, *depuis alors*, cela signifiera *depuis la création du monde*.

מֵעוֹלָם *depuis l'éternité*. מ préf. avec le ךָ parce que ע ne prend pas le dagesch, comme dans le mot précédent. עוֹלָם subst. masc. *le temps inconnu*, se prend habituellement pour l'éternité ( voy. le mot précéd. ). Rac. עָלַם *il a caché, il a fermé*.

אַתָּה *toi*. On écrit souvent simplement אַתְּ; la paragoge ה n'est donc réellement ici qu'une orthographe différente.

( n.º 267 ). Pronom de la 2.ᵉ pers. masc. pour אַנְתְּ ; le נ s'assimile et se réunit par le dagesch à la lettre suivante d'après une habitude euphonique (n.º 66, 110, 125, etc. )

Il faut remarquer l'énergie de cette ellipse : *Toi*, pour *tu existes*, et l'effet de ce mot rejeté ainsi solennellement à la fin du verset.

℣. 3. *Ont élevé les fleuves, Eternel ! ont élevé les fleuves la voix d'eux ! élèvent les fleuves le fracas d'eux !*

נָשְׂאוּ *ont élevé*. 3.ᵉ pl. du pr. k. du v. נָשָׂא *il a élevé, il a porté*. De ce verbe נָשִׂיא *un prince*, מַשָּׂא *un fardeau*, et de là *sentence, oracle*.

נְהָרוֹת *les fleuves*. Plur. de la forme fém. du subst. masc. נָהָר *fleuve*, et par excell. *l'Euphrate*. Rac. נָהַר *il a coulé*.

קוֹלָם *la voix d'eux*. pron. suff. ם de la 3.ᵉ plur. se lie aux noms par un ָ ( n.º 253 ). קוֹל subst. masc. *voix*, et de là *son, bruit*. קוֹל יְהֹוָה *la voix de l'Eternel, le tonnerre*. En arabe, קָאל signifie *il a parlé*.

יִשְׂאוּ *Irrég*. pour יִנְשְׂאוּ 3.ᵉ pl. du f. k. du v. נָשָׂא v. plus haut.. Ce verbe est défectif de la 1.ʳᵉ נ et à cause de cela au fut. perd נ et l'assimile à la 2.ᵉ rad. שׂ au moyen du dagesch ( n.º 110 ). Le futur se prend ici, comme souvent, pour le présent. Ce présent succédant à des passés, ajoute à la vivacité de la description.

דָּכְיָם *le fracas d'eaux.* Pronom suff. ם de la 3.<sup>e</sup> pl. etc. ( n.º 253 ). Le nom ne se rencontre pas dans l'état absolu, דְּכִי, et ne se trouve qu'ici dans toute la Bible. Mais le contexte et le mot parallèle קוֹלָם nous conduisent au sens de *fracas*. L'arabe דְּכִי a le même sens, et l'étymologie le confirme puisqu'en hébreu דָּכַךְ, דָּכָא, דּוּךְ et דָּכָה signifient également, *il a brisé.*

v. 4. *Plus que les voix des eaux grosses, magnifiques, des flots de la mer, magnifique dans le lieu élevé, l'Éternel!*

מִקֹּלוֹת *Plus que les voix.* Préf. מ signifie ici *plus que, en comparaison de* (n.º 227); a le chirec et le dagesch ( n.º 226 ). קוֹלוֹת, plur. de la forme féminine du subst. m. קוֹל *voix*; v. plus haut.

מַיִם *des eaux*, subst. les eaux, ou l'eau. Forme incertaine et irrégul. Duel, à ce qu'il paraît, par suite de la distinction entre les eaux supérieures et inférieures ( Gen. I, 7 ). Ce mot a été pris à son tour irrégul. pour un singulier et on en a formé le pluriel מֵימִים *des eaux.*

רַבִּים *grosses*. Pl. masc. de l'adj. רַב *gros, abondant, nombreux.* Voyez plus haut Gen. XLV, 28. Au plur. le dagesch paraît dans le ב, parce que la racine est le v. défectif רָבַב ( n.º 282, 118 ).

אַדִּירִים *magnifiques.* pl. masc. de l'adj. אַדִּיר *magni-*

*fique* et subst. *prince.* Rac. אָדַר *inus*, au kal; *il a été magnifique;* אַדֶּרֶת *manteau, vêtement d'honneur.*

Il faut remarquer l'accumulation de ces idées de bruit et de puissance, et de ces consonnances en ים; tout cela ajoute à la poésie et à la vivacité de cet hémistiche, et y jette une espèce d'harmonie imitative.

מִשְׁבְּרֵי *des flots,* constr. du subst. pl. m. מִשְׁבָּרִים *flots de la mer,* propr. *choses brisées,* comme en français, *brisans.* Rac. שָׁבַר *il a brisé,* et *il a vendu du blé,* de là שֶׁבֶר *action de briser* et *provision de blé.* Mais שִׂבֵּר *il a attendu, il a espéré (sperare* paraît venir de שבר). Peut-être y a-t-il une ellipse du מ préf. avant מִשְׁבְּרֵי et faut-il traduire : *plus que les flots de la mer.*

יָם *la mer,* subst. qui, devant être au génitif, a fait passer le mot *flots* à l'état constr. יָם *la mer,* se prend aussi pour l'Occident, ce qui tient à la position géographique des Hébreux. Plur. יַמִּים avec le dagesch et le patach ( n.o 282 ), ce qui indique que ce mot se rapporte à la forme géminée יָמַם quoique ce verbe là ne se trouve pas en hébreu.

בַּמָּרוֹם *dans le lieu élevé.* Contracté pour בַּמָּרוֹם

(n.o 251.). בְּ préfixe sign. *dans.* הַ article, doit être suivi du dagesch (n.o 223). Absolu מָרוֹם *lieu élevé,* subst. m. Rac. רוּם *il a été élevé.* De là רָמָה nom de lieu très-fréquent, sign. *ville élevée, hauteur.*

Il y a dans ce verset une inversion très-forte; c'est cet entassement des objets comparés, long-temps avant le comparatif. Cette hardiesse, en trahissant la profonde émotion du poëte, ajoute beaucoup à l'effet de la comparaison. Il y a de plus quelque chose de majestueux et de solennel dans cette peinture de la grandeur de Dieu, rejetée à la fin de la période. Il semble qu'après s'être abandonné à sa première impression, le prophète se recueille, et lève ses yeux avec crainte et admiration jusqu'au trône de l'Eternel.

℣. 5. *Tes témoignages sont certains beaucoup. A ta maison sied la sainteté, Eternel! pour la longueur des jours.*

עֵדֹתֶיךָ *tes témoignages.* Pron. suff. ךָ *ton* et *toi* se joint aux noms plur. au moyen d'un ségol (n.o 247). Nom absolu עֵדוּת subst. f. *témoignage,* expression qui emporte à la fois l'idée de *révélation* et celle de *loi.* Au plur. עֵדוֹת comme du sing. עֵדָה; avant le suff. le pl. עֵדוֹת prend un י à l'imitation des masculins (n.o 259). Rac. עוּד inus. au k., à l'hiph. הֵעִיד *il a témoigné.* De ce v. עֵד *témoin,* etc.

נֶאֶמְנוּ *sont certains.* 3.e pers. plur. du pr. niph. du v. אָמַן, voy. Gen. XLV, 26. Niph. נֶאֱמַן pour נִאְמַן, la gutturale א prenant un scheva composé (n.º 290), et la syllabe caractéristique prenant la brève analogue ֶ. Le niph. sign., comme passif du k., *il a été rendu fidèle, ferme,* etc., et de là, *il a été ferme, certain,* etc. Le prét. est ici employé pour le présent.

מְאֹד *beaucoup,* adv. Peut-être, dans l'origine subst., sign. *extension, accumulation.* Son étymologie est incertaine et, dans tous les cas, irrégulière. Beaucoup de dictionnaires le rapprochent de מָדַד *il a étendu.*

לְבֵיתֶךָ *à ta maison.* Préf. לְ, *à* (n.º 228), prend un ֶ. Pron. suff. ךָ *toi* et *ton,* se lie aux noms singuliers par un ֶ (n.º 247). Nom absolu בַּיִת *maison,* se contracte en בֵּית, à cause de l'allongement produit par le pron. suff., de la manière dont cela aurait eu lieu pour l'état constr. (n.º 283). Ce mot בַּיִת se prend au s. pour maison, mais aussi pour tout *lieu qui renferme,* et avec ces deux sens il entre, sous la forme constr., dans la composition de beaucoup de noms propres. Beth-El, *maison de Dieu;* Beth-sémès, *maison du soleil;* Beth-léhem, *maison du pain;* Beth-saïde, *maison de pêche;* Beth-phagé, *maison des figues;* Beth-esda, *maison de miséricorde,* etc., etc. Racine chaldéenne, בּוּת *il a passé la nuit.*

נָאֲוָה *sied.* 3.e sing. du pr. du v. quadrilittère נָאֲוָה, dérivé de נָאָה dont il partage le sens, et probablement

augmente la force. Sign. *il a été beau, décent, orné;*
*il sied;* Il y a quelquefois de la confusion ( n.º 180 )
entre ces verbes et נָוָה *il a habité.* Dérivés : נָאֶה
*beau, orné;* נָאוָה *beauté, noblesse, élégance.*

קֹדֶשׁ *la sainteté,* subst. m. Rac. קָדֵשׁ et קָדַשׁ *il a été*
*saint, il a été sanctifié, il a été consacré.* De ce v.
קָדוֹשׁ *saint,* מִקְדָשׁ *sanctuaire.*

לְאֹרֶךְ *pour la longueur.* Préf. לְ *pour.* Absolu אֹרֶךְ Rac.
אָרַךְ *il a été long, il a été prolongé.*

יָמִים *des jours.* Plur. du sing. absolu יוֹם subst. m. *un*
*jour.* La forme יָמִים semblerait plutôt venir du sing. inusité יָם. Mais יָם plur. יָמִים *la mer.*

### FIN DE LA PREMIÈRE PARTIE.

# SECONDE PARTIE.

# PRINCIPES

DE LA

# SYNTAXE HÉBRAÏQUE.

TRADUITS LIBREMENT DE L'ALLEMAND DE

WILHELM GESENIUS.

# SYNTAXE
## DE LA
## LANGUE HÉBRAÏQUE.

## CHAPITRE PREMIER.
### DE L'ARTICLE ET DU PRONOM.

### SECTION I.re

*Emploi de l'article.*

LES Hébreux emploient ou suppriment l'article à peu près dans les mêmes cas que les Grecs et les Allemands. Ils l'emploient lorsqu'il est question d'un sujet déterminé, déjà connu ou en quelque sorte unique dans son espèce : הָאוֹר *la lumière*, Genèse 1, 4, הַמֶּלֶךְ *le Roi* (des faits duquel il est question), הַמַּיִם *l'eau*, הַשֶּׁמֶשׁ *le soleil*; et ils le suppriment lorsque le sujet est général ou indéterminé; par exemple, אִישׁ *homme*, יָמִים

*jours*, צֶ֫דֶק *justice*. Ce principe ne suffit pas cependant pour rendre raison de tous les cas (1) et pour les déterminer tous; on peut donner des règles plus précises et plus constantes.

1. L'article n'accompagne jamais les noms propres de personnes et de pays, comme דָּוִד *David*, מִצְרַיִם *l'Egypte*, mais bien quelquefois les noms de fleuves, de montagnes et de lieux, particulièrement lorsqu'ils dérivent d'une signification appellative (c'est ainsi qu'on dit en allemand: *die* Neustadt, *zum* Kiel, pour zu Kiel); ainsi, הַיַּרְדֵּן *le Jourdain*, הַלְּבָנוֹן *le Liban*, הַשִּׁטִּים *les Acacias* (nom de lieu). Jos. III, 1.

\* Dans le cas d'une signification appellative, l'article se trouve même devant les noms de personnes, comme הַקּוֹהֶ֫לֶת, Eccl. XII, 8.

D'un autre côté, il se place fréquemment devant les noms appellatifs quand ceux-ci se disent, par excellence, d'un objet déterminé, et par cela même appartiennent en quelque manière aux noms propres, par ex. : הַנָּהָר *le fleuve*, par excellence, c'est-à-dire *l'Euphrate*; שָׂטָן *adversaire*, הַשָּׂטָן *Satan*; הָהָר *la montagne* (c'est-

(1) Ainsi, par exemple, on trouve sans article שֶׁ֫מֶשׁ, 2 Sam. XXIII, 4; יָרֵחַ וְכוֹכָבִים, Ps. VIII, 4; שָׁמַ֫יִם, Gen. XIV, 19. 22.

à-dire de Juda ); בַּעַל seigneur, הַבַּעַל Bahal, nom propre d'une fausse divinité.

2. Il ne se place pas devant les substantifs suivis d'un génitif ou d'un suffixe qui les déterminent. Par exemple, דְבַר יְהֹוָה la parole de l'Eternel; אָבִי mon père.

* On trouve quelques exceptions à cette règle, 2 Rois XVI, 14. Jér. XXXVIII, 6. Jos. VII, 21. Mich. II, 12, etc.

3. Par contre, il se trouve habituellement devant les adjectifs ( et les pronoms זֶה, הוּא ), quand le substantif a l'article, ou ( ce qui revient au même ) quand il est suivi d'un génitif ou d'un suffixe qui le déterminent. Ainsi, Genèse X, 12 : הָעִיר הַגְּדֹלָה la grande ville; XXVIII, 19 : הַמָּקוֹם הַהוּא ce lieu; Deut. III, 24 : יָדְךָ הַחֲזָקָה ta main puissante; Deut. XI, 7 : מַעֲשֵׂה יְהֹוָה הַגָּדוֹל le grand ouvrage de l'Eternel.

* Rarement, en pareil cas, l'adjectif seul a l'article, comme Ps. CIV, 18 : הָרִים הַגְּבֹהִים les plus hautes montagnes, Jér. XXVII, 3. XXXVIII, 14.

Si au contraire le substantif a l'article et non pas l'adjectif, cela montre que l'adjectif se rapporte à la proposition plus qu'au substantif, comme Gen. XXIX, 7. עוֹד הַיּוֹם גָּדוֹל le jour est encore haut; XIX, 20.

4. Quand un substantif est suivi d'un génitif, l'article, s'il doit s'appliquer, se place devant le génitif, comme אִישׁ מִלְחָמָה un homme de guerre, Jos. XVII, 1, אַנְשֵׁי הַמִּלְחָמָה les hommes de guerre, Nomb. XXXI, 49; מַלְאֲכֵי אֱלֹוהִים des anges de Dieu, mais מַלְאַךְ הָאֱלֹוהִים l'ange de Dieu, אִישׁ הָאֱלֹוהִים l'homme de Dieu.

* Ceci sert à expliquer la construction de l'article avec כֹּל *tout*, proprement subst. *totalité*. Ce mot prend l'article après lui quand il a une signification déterminée, *tous, entier*, mais il ne le prend pas s'il a une signification indéterminée, *de toute espèce, quelque*, par ex. : כָּל־הָאָדָם *tous les hommes*, כָּל־הָאָרֶץ *la terre entière* (proprement, la totalité des hommes, l'intégrité de la terre); mais כָּל־אֶבֶן *des pierres de toute espèce*, 1 Chron. XXIX, 2; כָּל־דָּבָר *quelque chose que ce soit*, Jug. XIX, 19. Mais il est tout-à-fait faux que l'article se trouve *constamment* après כֹּל.

Il faut encore remarquer la manière dont l'article se place avec les noms propres composés, comme בֶּן־יְמִינִי *Benjamite*, de בִּנְיָמִין *Benjamin*; il se place ici devant la 2.ᵉ partie du nom composé, comme בֶּן־הַיְמִינִי *le Benjamite*, 2 Sam. XVI, 11; בֵּית הַשִּׁמְשִׁי *le Beth-semite*, 1 Sam. VI, 14, 18.

NOTE. La signification originaire de הַל ou הַ, de laquelle paraît être originairement dérivé l'emploi de ce mot comme article, est *celui-ci*, *celle-ci*, *cela*, *cet.*, *cette*. Il a quelquefois été pris dans un rapport particulier et déterminé, comme הַיּוֹם *ce jour*, *aujourd'hui*, הַפַּעַם *cette fois*. De là est venu l'emploi de cette particule comme *relatif* ( comme, en allemand, *der* pour *welcher* ); par ex. Esdr. VIII, 25. Dan. VIII, 1. Jos. X, 24.

## SECTION II.

*Emploi du pronom personnel.*

1. Les pronoms séparés indiquent le nominatif, et les pronoms suffixes les cas obliques des pronoms. Il y a cependant un cas dans la langue où le pronom séparé exprime aussi un cas oblique, savoir quand le pronom qui est au cas oblique doit être répété deux fois, alors la seconde il est employé sous la forme séparée; ainsi, ex. de l'accusatif : בָּרְכֵנִי גַם אָנִי *bénis-moi, même moi*, Gen. XXVII, 34. Ex. de l'ablatif : בִּי אָנִי *sur moi, moi*, 1 Sam. XXV, 34. Ex. du génitif : דָּמְךָ גַם אַתָּה *ton sang, oui, le tien;* littéralement : *sanguis tui, imò tui,* 1 Rois XXI, 19. On peut toujours, avant le second pronom, sous entendre le rapport de cas.

2. Les pronoms הוּא et הִיא sont aussi employés neutralement pour *cela*, aussi bien que

les suffixes qui en dérivent, par ex. הוּא, Exod. XXXIV, 10; הִיא, Nomb. XIV, 41; אֹתוֹ, Nomb. XXIV, 13; אֹתָה, Exod. x, 11.

3. Les pronoms personnels s'emploient quelquefois pour le verbe substantif, particulièrement הוּא pour *il est*, הֵם, הֵמָּה pour *ils sont*. P. ex., Es. XLIII, 25 : אָנֹכִי הוּא מֹחֶה *c'est moi qui efface;* אֲשֶׁר בָּאָרֶץ הֵמָּה *ceux qui sont dans le pays.* Comp. Gen. XXV, 12. Sophon. II, 12.

4. Le suffixe se place quelquefois, par pléonasme, immédiatement avant le nom, par ex., Ezéch. x, 3 : בְּבֹאוֹ הָאִישׁ *quand il vint, l'homme;* Job XXIX, 3; 1 Sam. XXI, 14. D'autres fois il se rapporte à un objet qui n'a pas encore été expressément nommé, mais qu'on peut aisément deviner. Ainsi, par ex., Nah. I, 8. 12. II, 2. 6, on trouve des suffixes qui se rapportent évidemment à Ninive qui est nommée pour la première fois II, 9.

5. Les suffixes des noms (*pronoms possessifs*), qui sont proprement des génitifs, se rapportent, ainsi que ceux dont nous venons de parler, non seulement au sujet, mais aussi à l'objet. Ainsi, חֲמָסִי *la violence* ( contre ) *moi*, Jér. LI, 35;

יִרְאָתוֹ *la crainte* (qu'on a) *de lui*, Exod. xx, 20; תְּפִלָּתִי *la prière* (adressée) *à moi*, Es. LVI, 7.

\* Les pronoms possessifs peuvent aussi, suivant la méthode syriaque, être remplacés par une paraphrase de la manière suivante: Ruth II, 21, הַנְּעָרִים אֲשֶׁר לִי *les fils qui à moi* (sont), pour *mes fils*. Cela a principalement lieu après un substantif qui doit encore être suivi d'un autre génitif, comme 1 Sam. XVII, 40. Dans ces cas là le pronom possessif est aussi quelquefois introduit par pléonasme. מִטָּתוֹ שֶׁלִּשְׁלֹמֹה, proprement : *son lit, de Salomon*, cant. III, 7. Comp. 1, 6.

6. Les datifs *à moi, à toi, à soi*, sont aussi ajoutés, par pléonasme, en particulier après l'impératif et le futur d'un grand nombre de verbes (principalement de ceux qui expriment l'action d'aller). Par ex, לֶךְ־לְךָ *va* (à toi), Gen. XXII, 2; בְּרַח לְךָ *fuis*, Gen. XXVII, 43; דְּמֵה לְךָ *imite*, Cant. II, 17; תֵּדְעִי לָךְ *tu connais*. Ce pléonasme se trouve plus rarement avec les adjectifs, comme Amos II, 13 : מְלֵאָה לָהּ *plena* (sibi).

7. L'accusatif *le, cela*, est souvent omis, par ex. הַגִּידוּ לִי *dites* (le) *moi*, Gen. XXIV, 49. IX, 22.

# SECTION III.

*Emploi du pronom relatif* אֲשֶׁר ( שֶׁ ).

1. Le pronom אֲשֶׁר sert fréquemment aux Hébreux, seulement comme signe de la relation, et comme donnant aux substantifs, aux adverbes et aux pronoms une signification relative ; ainsi, אֲשֶׁר אֶת עָפָר *quem pulverem*, Gen. XIII, 16. אֲשֶׁר שָׁם *où* ; שָׁם *là*, שָׁמָּה *là* (avec mouvement), אֲשֶׁר שָׁמָּה *où* (avec mouvement) ; מִשָּׁם *de là*, אֲשֶׁר־מִשָּׁם *d'où*. C'est de cette manière encore que les Hébreux forment les cas obliques du pronom *lequel, laquelle*, etc. Ainsi, dat. לוֹ *à lui*, לָהּ *à elle* ; — אֲשֶׁר לוֹ *auquel* ; לָהֶן, לָהֶם *à eux, à elles* ; — אֲשֶׁר לָהֶם *auxquels*.

Accus. : אֹתוֹ, אֹתָהּ *le, la* ; — אֲשֶׁר אֹתוֹ, אֲשֶׁר אֹתָהּ *que*.

Avec prépos. : בּוֹ *là*, מִמֶּנּוּ *de là* ; — אֲשֶׁר בּוֹ, אֲשֶׁר מִמֶּנּוּ *en quoi, où ; d'où*.

Génit. : אֲשֶׁר־לְשֹׁנוֹ *dont le langage*, Deutér. XXVIII, 49 : אֲשֶׁר־כְּנָפָיו *dont les ailes*, Ruth II, 12. Joël IV, 19. Ezéch. IX, 11.

L'accusatif *que* peut cependant aussi être simplement exprimé par אֲשֶׁר, Gen. I, 31. II, 2. 8. VI, 7. XII, 1.

\* NOTE 1. L'hébreu peut aussi, de cette manière, rendre relative la première et la seconde personne du pronom personnel, dans les cas obliques, ce qui n'est pas possible en allemand où cela est nécessairement rendu par la 3.ᵉ personne. Gen. XLV, 4 : אֲשֶׁר אִתִּי *welchen*; Nombr. XXII, 30 : אֲשֶׁר עָלַי *auf welcher*; Es. XLI, 9 : Jacob אֲשֶׁר בְּחַרְתִּיךָ *den ich dich gewahlt habe* (de même en français on serait obligé de replacer, avant le pronom relatif, le signe de la personne indiquée, *moi que, moi sur qui, toi que j'ai choisi*). Avec le nominatif seulement de la première et de la seconde personne, cela est aussi possible en allemand, en disant : *der ich, der du, die wir*; là, *der* remplace *welcher*, et n'est (comme l'hébreu אֲשֶׁר) qu'un simple signe de la relation.

2. Le mot אֲשֶׁר est habituellement séparé du mot auquel il se rapporte; par ex. אֲשֶׁר הָיָה שָׁם, Gen. XIII, 3. Ils ne sont que rarement liés, Exod. XX, 21.

2. Avant אֲשֶׁר il faut fréquemment suppléer le pronom *celui* (pour lequel la langue hébraïque n'a point d'expression propre), comme en latin *is* avant *qui*; par exemple, Nomb. XXII, 6 : וַאֲשֶׁר תָּאֹר *et* (celui) *que tu maudiras*. Cela a particulièrement lieu quand il y a avant אֲשֶׁר

des prépositions qui alors devraient être construites avec le pronom sous-entendu *celui*; mais le relatif lui-même est au cas que demande le mot suivant. Par exemple, לַאֲשֶׁר *à celui qui*, ou *que, à celle, à ceux qui* ou *que*; מֵאֲשֶׁר *de celui, de celle, de ce, de ceux qui* ou *que*; כַּאֲשֶׁר *selon celui qui, ce que, comme*.

  \* L'idée de lieu ou de temps se joint encore quelquefois au pronom sous-entendu *celui*, comme בַּאֲשֶׁר *dans* ( le lieu ) *où*; מֵאֲשֶׁר *depuis* ( le temps ) *que*; אֶל אֲשֶׁר *vers* ( le lieu ) *où*.

3. Le pronom אֲשֶׁר dans tous les cas indiqués est souvent sous-entendu, comme en anglais, *the woman, I love*, et en particulier,

*A*) Comme pronom au nominatif et à l'accusatif; p. ex. Gen. XV, 13 : בְּאֶרֶץ לֹא לָהֶם *dans un pays* (qui) *ne leur appartient pas*; Prov. IX, 5, בְּיַיִן מָסַכְתִּי *avec le vin* ( que ) *j'ai mêlé*.

*B*) Comme signe de la relation, p. ex. Ps. XXXII, 2 : *Heureux l'homme* לֹא יַחְשֹׁב יְהוָה לוֹ עָוֹן (auquel) *l'Eternel n'impute point ses péchés*, Exod. XVIII, 20 : *le chemin* יֵלְכוּ בָהּ ( dans lequel ) *ils marchent*. Quelquefois il manque de plus encore le pronom personnel בּוֹ, לוֹ, p. ex.

Es. XXIX, 1 : אֲשֶׁר־בָּהּ קִרְיַת חָנָה דָוִד *la ville* ( dans laquelle ) *David habitait.*

*c* ) Quelquefois avec le pronom *celui* sous-entendu. Job XXIV, 19. *La mort emportera* חָטָאוּ ( ceux qui ) *pèchent.* Quelquefois encore lorsque l'idée de lieu ou de temps devrait être jointe à ce pronom sous-entendu *celui.* Comme 1 Chron. XV, 12, אֶל הֲכִינוֹתִי לוֹ *vers* ( le lieu que ) *je lui ai préparé.*

\* Dans le cas où le pronom à suppléer *celui* devrait être au génitif, le substantif précédent se met à l'état construit; par ex., Exod. IV, 13 : בְּיַד תִּשְׁלָח *par la main* ( de celui que ) *tu veux envoyer.* Ps. LXXXI, 6 : שְׂפַת לֹא יָדַעְתִּי *le langage* ( de quelqu'un que ) *je ne connais pas,* Lament. 1, 14.

## SECTION IV.

*Pronom démonstratif & interrogatif.*

1. Le pronom démonstratif ( זוּ, זֶה ) se prend aussi pour le relatif; particulièrement dans la poésie, comme en allemand : *damit* pour *womit.* Par exemple Ps. CIV, 8 : *au lieu* זֶה יָסַדְתָּ לָהֶם *que tu leur as fondé.* Il se rencontre même comme simple signe de la relation ( sect. III, 1 ); par

exemple, Ps. LXXIV, 2 : *la montagne de Sion* זֶה שָׁכַנְתָּ בּוֹ *sur laquelle tu habites.*

2. Après une question, זֶה sert à donner plus d'intensité, comme l'allemand *denn*, *doch*, et le latin *tandem*. Par exemple, מַה־זֶּה *Quoi donc ?* לָמָּה־זֶּה *pourquoi donc?* De même encore הִנֵּה זֶה *voilà donc, voyez.* Il donne encore de l'énergie, lorsqu'il est joint à un nombre ; par exemple, Gen. XXVII, 36 : זֶה פַעֲמַיִם *voilà déjà deux fois.*

3. Le pronom interrogatif מִי peut aussi se placer au génitif, par exemple בַּת מִי *la fille de qui?* Gen. XXIV, 23. Ce pronom, aussi bien que מָה ( qui lui sert de neutre ) peut aussi se placer sans interrogation, pour indiquer *quelqu'un, quelque chose*, Job XIII, 13.

* Sur l'emploi de מָה comme négation, voy. sect. XXXIV, 3.

## SECTION V.

*Manière d'exprimer les pronoms pour lesquels la langue hébraïque n'a aucun mot propre.*

1. Le pronom réfléchi *me*, *te*, *se*, *lui-même*, est exprimé *A*) par les conjugaisons niphal et

hithpahel : B) par une périphrase et à l'aide d'un substantif, par exemple בְּקִרְבָּהּ *en elle-même* ( dans l'intérieur d'elle ) Gen. XVIII, 12 ; לֹא אֵדַע נַפְשִׁי *je ne me connais pas moi-même* ( je ne connais pas mon ame ), Job IX, 21 ; XXXII, 2; Os. IX, 4; C ) par le pronom de la 3.ᵉ personne ( comme en français ), par exemple, Gen. XXII, 3 : *Abraham prit deux de ses serviteurs* אִתּוֹ *avec lui*, pour *avec soi*. 1 Sam. I, 24; *elle le conduisit* עִמָּהּ *avec elle*, pour *avec soi*. Ainsi on disait en allemand au temps de Luther : er machte *ihm* einen Rock, pour *sich*.

* Le nom נֶפֶשׁ, suivi de suffixes, n'est souvent autre chose qu'une périphrase du pronom personnel, comme נַפְשִׁי *moi, me*; נַפְשְׁךָ *toi, te*.

2. Le pronom *celui, celle, ce*, dans tous les cas du singulier et du pluriel est constamment omis devant אֲשֶׁר ( comp. sect. III, 2 ), et doit par conséquent être suppléé.

3. *Chaque, chacun* est exprimé par אִישׁ ( homme ) ou par la répétition אִישׁ אִישׁ, Exod. XXXVI, 4, אִישׁ וְאִישׁ, Ps. LXXXVII, 5; plus rarement par כֹּל suivi de l'article, comme כָּל־הָאָדָם

*chaque homme* ( proprement : l'assemblage des hommes, S. 1, 4); par le redoublement du mot : בַּבֹּקֶר בַּבֹּקֶר *chaque matin*, et aussi par de simples prépositions : לַבְּקָרִים *chaque matin* (selon les matins ), Ps. LXXIII, 14 ; לַבֹּקֶר Amos IV, 4.

4. *Quelqu'un* est exprimé par אִישׁ Ex. XVI, 29 ; Cant. VIII, 7 ; אָדָם Lévit. I, 2. *Quelque chose* כָּל־דָּבָר ( sans article ). V. aussi sur מִי ce qui a été dit sect. IV, 3.

5. *Même, le même*, est le plus souvent exprimé par הוּא, הִיא avec l'article, comme הָאִישׁ הַהוּא *ce même homme*; mais aussi par une périphrase à l'aide du substantif עֶצֶם *os, corps* ( mais employé dans ce cas métaphoriquement pour *être, substance* ), ainsi : בְּעֶצֶם הַיּוֹם הַזֶּה *dans ce même jour*, Gen. VII, 13 ; comp. בְּעֶצֶם תֻּמּוֹ *dans sa même prospérité, au milieu de sa prospérité même*, Job XXI, 23.

* C'est par une périphrase analogue que les Arabes emploient *l'œil* pour rendre l'idée de personne et le pronom *le même*.

6. *Alter, l'un, l'autre*, sont exprimés par un double זֶה ou אֶחָד, ou par אִישׁ suivi de אָח *frère*
ou

ou de רֵעַ *ami*; au féminin, par אִשָּׁה *femme*, suivi de אָחוֹת *sœur*, ou de רְעוּת *amie*; et cela dans l'un et dans l'autre genre lors-même qu'il est question d'objets absolument destitués d'affection. La même périphrase sert à exprimer l'idée *l'un l'autre*; par exemple, Gen. XIII, 11 : *et ils se séparèrent* אִישׁ מֵעַל אָחִיו *l'un de l'autre*; XV, 10, וַיִּתֵּן אִישׁ בִּתְרוֹ לִקְרַאת רֵעֵהוּ *et il plaça l'une des portions vis-à-vis de l'autre*.

7. *Quelques* est le plus souvent exprimé par un simple pluriel, p. ex. יָמִים *quelques jours*. Dan. VIII, 27; שָׁנִים *quelques années*, Dan. XI, 6. 8; quelquefois par יֵשׁ אֲשֶׁר *sunt qui*, Néh. V, 2. 4.

## CHAPITRE II.

### SYNTAXE DU VERBE.

### SECTION VI.

*Emploi des temps. En général.*

1. Après avoir vu combien la langue hébraïque est pauvre en formes destinées à exprimer les idées de temps, tant absolues que relatives, on

doit s'attendre à voir chacun des deux temps du verbe prendre plusieurs significations, d'autant mieux que quelquefois ils peuvent s'employer exactement dans les mêmes cas ; que, dans certaines occasions, tous deux deviennent de véritables aoristes, et enfin que, dans leur emploi, on ne trouve jamais une exactitude rigoureuse.

2. Il est cependant impossible de croire que les deux temps du verbe hébreu aient été employés d'une manière absolument indéterminée et irrégulière ; au contraire, une observation attentive nous montre que l'idée du passé et celles qui lui sont analogues ou en dépendent, dominent dans le temps nommé *prétérit* ; que dans le *futur* au contraire, on voit dominer l'idée de l'avenir, et celles de conjonctif et d'optatif (1) qui en dépendent. Dans quelques cas déterminés seulement, ils s'emploient indifféremment et se placent l'un pour l'autre ; mais il en est d'autres où ils sont décidément et nécessairement distincts. Les sections suivantes nous don-

(1) Le futur a un rapport évident avec le conjonctif destiné à exprimer une incertitude et des idées conditionnelles, et avec l'optatif essentiellement relatif à l'avenir.

neront là dessus les règles les plus exactes que cette matière puisse comporter.

## SECTION VII.

*Emploi du prétérit.*

La forme du prétérit s'emploie :

1. Principalement et proprement pour exprimer le temps passé *absolument* et *complètement* ( *præteritum perfectum* ), par exemple, Gen. III, 11 : מִי הִגִּיד לְךָ *Qui t'a indiqué*, ℣. 13, מַה־זֹּאת עָשִׂית *pourquoi as-tu fait cela?* Il s'emploie aussi fréquemment pour le *plusque parfait*. Gen. II, 2 : מְלַאכְתּוֹ אֲשֶׁר עָשָׂה *son ouvrage qu'il avait fait*. ℣. 5, *Jehova n'avait pas encore fait tomber la pluie;* III, 1; XVIII, 33; XXVII, 30; Job 1, 5. ( Dans l'un et l'autre cas, il serait impossible de traduire par le futur. )

2. Pour le temps du récit ( imparf. et prétér. défini), p. ex., Gen. XXIX, 17 : רָחֵל הָיְתָה יְפַת־תֹּאַר *Rachel était belle à voir;* III, 1; IV, 1. Alors le verbe se place constamment après le sujet. Mais dans ce cas, le narrateur remplace le plus souvent le prétérit par le futur accompagné du ו conversif, et alors le verbe doit précéder ; Gen. 1, 1 : Au

commencement בָּרָא *créa* Dieu, etc., v. 2, et la terre הָיְתָה *était* vide et sans forme, 3, et *dit* ( וַיֹּאמֶר ) *Dieu.* Comp. iv, 2-5, 18-fin; Ruth 1, 22.

3. Pour le présent, savoir :

*A*) Constamment dans certains verbes, particulièrement ceux qui indiquent une propriété, une manière d'être, גָּדַל *il est grand*, קָטֹן *il est petit*, חָכַם *il est sage*, יָכֹלְתִּי *je puis*.

*B*) Dans les propositions générales, et qui ne se rapportent à aucun temps déterminé (celles qui, en allemand, pourraient être le plus souvent exprimées par *pflegen* ). Fréquemment, en pareil cas, le prétérit et le futur s'emploient indifféremment et à la fois : Ps. i, 1-3; xliv, 10-15.

*C*) De plus, quand le présent indique plutôt un état qu'une action ; par exemple, Ps. cxix, 28 : *mon ame pleure* ( דָּלְפָה ) *de chagrin*; ℣. 30 : Le chemin de la vérité *je choisis et je m'attache* à tes ordonnances ; ℣. 40 : Voici *je cherche* à suivre tes ordres ; Gen. iv, 6 : Pourquoi *t'irrites-tu ?* Nous trouvons un exemple de ce genre digne d'attention, Es. i, 15 : « Si vous » étendez vos mains vers moi, *je détournerai*

» (fut.) ma face, si vous *multipliez* (fut.)
» vos prières, je ne vous écouterai point, car
» vos mains *sont* (prét.) pleines de sang. »

4. Pour le futur :

*A*) Dans les prédictions, déclarations et promesses ; là où un style plus animé permet de regarder les choses promises comme déjà passées ou au moins présentes, Es. IX, 1 : « Le peuple
» qui marchait dans les ténèbres, *a vu* (רָאוּ)
» une grande lumière ; » Comp. IV, 5. Quelquefois, mais beaucoup plus rarement, dans une simple promesse où le style n'a rien de cette vivacité, par exemple, Gen. XXI, 7 : הֵינִיקָה בָנִים שָׂרָה
Sara *allaitera* des fils.

B) Quand, dans une même construction se trouvent d'abord un futur et ensuite un prétérit le plus souvent liés ensemble par un ו placé avant le dernier, le prétérit est alors un véritable aoriste qui s'emploie comme un futur, et est susceptible des mêmes emplois ; par exemple, il se prend pour le futur proprement dit, Es. 1, 30. 31 : כִּי תִהְיוּ....וְהָיָה car vous serez.... *et il sera;* III, 25. 26. IV, 1. 3. Pour le conjonctif, Gen. III, 22 : פֶּן יִשְׁלַח יָדוֹ וְלָקַח וְאָכַל

de peur qu'il n'étende sa main, *qu'il ne prenne et qu'il ne mange*; Deutér. IV, 19.

5. Pour l'impératif, si un autre impératif précède. Ici encore le prétérit est un véritable aoriste, et est déterminé par l'impératif précédent. Presque toujours lorsqu'on a une suite d'impératifs, le dernier est de la sorte exprimé par un prétérit (le plus souvent précédé du ו) : Genèse VI, 21 : קַח לְךָ וְאָסַפְתָּ prends pour toi *et rassemble*; XXVII, 43-44 : בְּרַח לְךָ וְיָשַׁבְתָּ fuis *et habite* XLV, 9; 1 Sam. VI, 7.

* Dans les deux derniers cas (n.º 4 B et 5), lorsque le prétérit a le sens du futur ou de l'impératif, l'accent se place sur la dernière syllabe, et le ו qui précède presque toujours se nomme *vau conversif du prétérit* (1).

6. Parmi les temps relatifs, le prétérit indique ceux dans lesquels le passé est l'idée principale, et en particulier, *A*) l'imparfait du conjonctif, Es. I, 9 : כִּסְדֹם הָיִינוּ לַעֲמֹרָה דָמִינוּ *nous aurions le sort de Sodome, nous deviendrions semblables à Gomorrhe.* Jug. XVI, 17; *B*) le plusque parfait du conjonctif, par exemple Es. I, 9 : לוּלֵי הוֹתִיר *s'il n'eût pas laissé de reste*; Ps. CVI, 23; 1 Sam. XXV, 11. 34; Nomb. XIV, 2 : לוּ מַתְנוּ *plût à*

(1) Voy. Gram. hébraïque, chap. VI, n.º 235.

*Dieu que nous fussions morts ;* C) le futur passé. Esdr. IV, 4 : אִם רֻחַץ *quand il aura été lavé ;* D ) le parfait du conjonctif. Gen. XXIV, 19. 33.

## SECTION VIII.

### *Emploi du futur.*

Les significations diverses du futur sont presque plus multipliées encore que celles du prétérit. La grammaire fait connaître certains changemens qui peuvent survenir dans la forme des verbes et qui préviennent les méprises, résultat naturel de cette multiplicité (1). Mais, toutes les formes et tous les verbes ne sont pas susceptibles de ces changemens ; et il n'est peut-être pas une seule des nuances de signification ordinairement exprimées par ces altérations du futur, qui ne se retrouve aussi fréquemment avec la forme ordinaire.

La forme ordinaire du futur, et sans ו conversif, s'emploie :

1. Pour indiquer *l'avenir* d'une manière absolue.

2. Pour indiquer le temps *présent;* ce temps est en arabe si fréquemment exprimé de la sorte, que les grammaires d'arabe moderne

---

(1) V. Gram. hébr., n.° 46*; 88*; 146*; 170*, 236.* 270.

donnent également au futur le nom de présent. Par exemple, 1 Rois III, 7 : לֹא אֵדַע *je ne sais pas*; Es. 1, 13 : לֹא אוּכַל *je ne puis pas*; Job 1, 7 : מֵאַיִן תָּבֹא *d'où viens-tu?* Gen. XXXVII, 15 : מַה־תְּבַקֵּשׁ *que cherches-tu?* Cela a lieu en particulier dans les propositions générales sans détermination de temps, dans lesquelles aussi on trouve fréquemment le prétérit employé pour le futur (sect. VII, 3, *B*). Prov. XV, 20 : בֵּן חָכָם יְשַׂמַּח אָב *un fils sage réjouit son père*; XXVI, 20.

3. Dans un certain nombre de cas que le latin exprimerait par le conjonctif, et principalement par le présent du subjonctif. (C'est ici principalement que lorsque la forme le permet, on emploie les futurs *apocopés* ou *paragogiques*) (1) savoir :

*A*) Quand le verbe est précédé de particules qui signifient *que*, *de peur que*, *ne pas*, comme פֶּן, בַּל, אַל, וְ, כִּי, יַעַן, לְמַעַן, אֲשֶׁר *que*, *que ne*, *ne pas*. Par exemple, פֶּן תְּמוּתוּן *de peur que vous ne mouriez*; Deut. IV, 1 : לְמַעַן תִּחְיוּ *afin que vous viviez*.

*B*) Pour l'optatif; et alors si la forme du

---

(1) Voy. Gram. hébr., n.º 88 *, 146 *, 170, 270.

futur ne permet aucune apocope ou aucune paragoge, on trouve fréquemment à leur place la particule נָא; par exemple יִגְמָר־נָא *puisse mettre fin.....!* Ps. VII, 10; יֹאמַר נָא י״ *qu'Israël dise*, Ps. CXVIII, 2. 3. 4; Gen. XLIV, 18 : יְדַבֶּר־נָא עַבְדְּךָ *que ton serviteur puisse parler*, c'est-à-dire, permets à ton serviteur de parler; XVIII, 3 : אַל־נָא תַעֲבֹר *ne passe point;* XIX, 7. 20.

C) Pour l'impératif ( c'est principalement ici que si la forme le permet, on emploie le futur apocopé ).

\* Dans les ordres négatifs on emploie toujours le futur et on le lie avec אַל ou לֹא : אַל תִּירָא *ne crains point*, Gen. XLVI, 3; לֹא תִגְנֹב *tu ne déroberas point*, Exod. XX, 15; cette dernière construction ( avec לֹא ) donne plus d'énergie à la défense. De plus c'est le futur qui sert constamment à exprimer la 3.ᵉ personne de l'impératif, et l'impératif des passifs pour lesquels on ne trouve en hébreu aucune forme propre, Exod. XXI, 15.

D) Lorsque, dans nos langues modernes, le verbe serait modifié par les verbes en quelque sorte auxiliaires : *pouvoir, oser, devoir*. Par exemple, Ps. XXII, 9 : יְפַלְּטֵהוּ יַצִּילֵהוּ *pourrait-il le délivrer, le faire échapper ?* Gen. XXX, 34 : לוּ יְהִי כִדְבָרֶךָ *qu'il soit fait, ou puisse-t-il être fait comme tu l'as dit;* II, 16 : אָכֹל תֹּאכֵל *tu pourras ou oseras manger;* III, 2 : נֹאכַל *nous oserons manger;* XXX, 31 : מָה אֶתֶּן לָךְ *que dois-je te donner ?* Prov. XX, 9 : מִי יֹאמַר *qui pourra ou osera dire ?*

4. Même pour le passé, savoir :

*A*) Avec les particules אָז *alors,* טֶרֶם *pas encore,* בְּטֶרֶם *avant que,* par exemple, אָז יְדַבֵּר יְהוֹשֻׁעַ *alors Josué parla,* Jos. X, 12; 2 Rois XII, 18; טֶרֶם יִהְיֶה *il n'y avait pas encore,* Gen. II, 5.

*B*) Dans les narrations, après d'autres prétérits ou futurs accompagnés du ו conversif. Gen. II, 6. וְאֵד יַעֲלֶה מִן הָאָרֶץ *et une vapeur s'élevait de la terre;* 10 : וּמִשָּׁם יִפָּרֵד *et de là se divisait;* 25 : וְלֹא יִתְבֹּשָׁשׁוּ *et ils n'avaient point honte;* IV, 14; Ps. II, 6-8; Ps. XLIV, 3; 2 Sam. XII, 3. C'est alors un aoriste dont la signification précise est déterminée par le temps qui précède.

5. Parmi les temps relatifs, les Hébreux indiquent au moyen du futur, *A*) l'imparfait du conjonctif, principalement dans l'antécédent et le conséquent des phrases conditionnelles. Ps. XXIII, 4 : גַּם כִּי אֵלֵךְ לֹא אִירָא *lors même que*

*j'irais, je ne craindrais point*. De même encore quand la particule conditionnelle אִם est omise, par exemple, Ps. CXXXIX, 8; Exod. VIII, 22. B) Le plusque parfait du conjonctif, Gen. XXXI, 27. C) Le futur passé. D) Le parfait du conjonctif, Gen. XXIX 8. Dans ces quatre cas, on emploie également et même plus fréquemment encore le prétérit ( sect. VI, 6 ).

\* *Note*. Le futur joint au ו conversif s'emploie aussi quoique rarement, *A*) pour le présent, I Sam. II, 6; *B*) pour le plusque parfait, Gen. II, 2; Exod. XII, 35; *C*) même pour l'avenir, s'il est placé avec d'autres futurs; Es. IX, 5. 10. 11. 13. 15.

## SECTION IX.

### *Emploi de l'infinitif. En général.*

Presque dans toutes les langues que nous connaissons, l'infinitif peut être considéré sous un double point de vue; comme partie du verbe, lorsque le verbe se présente à la pensée dépouillé de toute relation avec quel sujet que ce soit (*verbe indéfini*), ou comme substantif verbal; ainsi, par ex., *dire, pour dire*, et d'un autre côté, *le dire, le dire de....* En hébreu, de même, nous trouvons le premier cas Es. XXII, 13 : הָרֹג בָּקָר וְשָׁחֹט צֹאן *immoler un bœuf*, *égorger une brebis*, etc., et le second dans ces expressions : עֲשׂוֹת יְהוָה *l'œuvre* ( litt. *le faire* ) *de Dieu*, אֲכָלְךָ *ton manger*, etc.

<small>* Dans toutes les langues ces deux états de l'infinitif se confondent fort souvent, mais en hébreu, il est beaucoup plus fréquemment employé comme substantif.</small>

## SECTION X.

### *Infinitif absolu.*

L'emploi de l'infinitif absolu est restreint au cas où l'infinitif s'emploie comme accusatif (1), c'est-à-dire adverbialement, par exemple שָׁאוֹל *interrogando* : Mais il faut ajouter ici deux autres cas très-rapprochés du premier.

1. Quand l'infinitif est accompagné du verbe fini. Cette construction est extrêmement fréquente en hébreu et elle sert à exprimer :

<small>(1) L'analogie de la langue arabe qui, dans tous ces cas, donne à l'infinitif la terminaison de l'accusatif ( *an* ), nous prouve encore mieux que nous avons alors un véritable accusatif, et qu'il ne faut point sous-entendre une préposition. Comp. sect. XXVI.</small>

*A*) Une intensité donnée à l'idée du verbe, par ex., 1 Sam. xx, 6 : נִשְׁאֹל נִשְׁאַל מִמֶּנִּי *il m'a demandé avec instances.* Genèse XLIII, 3 : הָעֵד הֵעִד בָּנוּ *il nous a solennellement ordonné.* Cette circonstance est indiquée plus positivement encore, Amos IX, 8 : Je vais *détruire* de dessus la terre (הִשְׁמַדְתִּי), cependant je *ne détruirai pas entièrement* (הַשְׁמֵד אַשְׁמִיד); Gen. XXXI, 30 : וְעַתָּה הָלֹךְ הָלַכְתָּ כִּי נִכְסֹף נִכְסַפְתָּה et maintenant, *pars pour toujours*, puisque tu le *désires si fort.*

*B*) La certitude, l'affirmation. Gen. III, 4 : לֹא מוֹת תְּמֻתוּן vous ne mourrez *certainement* point. XXXVII, 33 : טָרֹף טֹרַף *sans doute* il aura été déchiré. II, 16, 17.

*C*) Une continuation de l'action, principalement lorsqu'il y a deux infinitifs absolus disposés comme dans les exemples suivans : 2 Sam. XV, 30 : עָלוּ עָלֹה וּבָכֹה *ascendebant ascendendo et flendo*, ils continuaient à monter et ils pleuraient; 1 Sam. VI, 12 : הָלְכוּ הָלֹךְ וְגָעוֹ *elles continuaient leur route en mugissant;* 1. Rois XX, 37 : וַיַּכֵּהוּ הָאִישׁ הַכֵּה וּפָצֹעַ *et l'homme continua à le frapper jusqu'à ce qu'il fût blessé;* Gen. VIII, 7 : וַיֵּצֵא יָצוֹא וָשׁוֹב *et il sortait toujours et reve-*

nait. Quelquefois, au lieu du second infinitif, on trouve aussi le participe, p. ex., 2 Sam. xvi, 5, ou le verbe fini, Jos. vi, 13. (Voyez not. 3 sur l'emploi spécial du verbe הָלַךְ.)

D) Les exemples suivans offriront quelques autres nuances de sens que cette tournure peut encore servir à exprimer. Gen. xliii, 7 : הֲיָדוֹעַ נֵדַע *pouvions-nous donc savoir?* xxxvii, 8 : הֲמָלֹךְ תִּמְלֹךְ עָלֵינוּ *prétends-tu régner sur nous?* xxvii, 30 : אַךְ יָצֹא יָצָא יַעֲקֹב *Jacob venait seulement de sortir* (Comp. Jud. vii, 19); 2 Sam. iii, 24 : pourquoi as-tu permis qu'il *s'échappât d'ici* (וַיֵּלֶךְ הָלוֹךְ)? Gen. xix, 9 : וַיִּשְׁפֹּט שָׁפֹט *et il veut déjà faire le juge.* Ailleurs, enfin, cette forme sert à rendre l'expression plus vive et plus élégante, et, par conséquent, il ne paraît pas qu'elle soit jamais employée sans dessein, quoique son effet ne soit pas toujours aussi évident que dans les cas que nous venons d'indiquer; p. ex., Jos. vii, 7.

\* NOTE 1. Le verbe passif n'est pas seulement lié de la sorte avec l'infinitif absolu qui lui est propre (Gen. xvii, 13; xl, 15), mais aussi avec l'infinitif actif, par ex. טָרֹף טֹרַף Gen. xxxvii, 33.

2. D'ordinaire l'infinitif précède, quelquefois aussi il

suit le verbe fini, par ex. Gen. XIX, 9. וַיִּשְׁפֹּט שָׁפוֹט; XXXI, 15; Jos. XXIV, 10; Es. IV, 9. Mais si la construction est négative, l'infinitif précède toujours, et la négation se place entre ou avant les deux formes du verbe, comme Gen. III, 4 : לֹא מוֹת תְּמֻתוּן; Exod. V, 23 : הַצֵּל לֹא הִצַּלְתָּ.

3. Nous avons indiqué à la lettre c) une tournure qui sert fort souvent à exprimer la durée. Dans cette tournure le verbe הָלַךְ est fréquemment employé, avec le sens de *durer, continuer*, et alors il indique souvent aussi un *accroissement* continu, par ex. Gen. XXVI, 13. וַיֵּלֶךְ הָלוֹךְ וְגָדֵל *il devenait toujours plus grand*, 2 Sam. V, 10; Gen. VIII, 3 : וַיָּשֻׁבוּ הַמַּיִם הָלוֹךְ וָשׁוֹב *les eaux s'abaissaient toujours davantage*. (souvent encore on trouve dans cette tournure l'infinitif remplacé par une construction participiale, comme 1 Sam. II, 26 : הַנַּעַר שְׁמוּאֵל הֹלֵךְ וְגָדֵל וָטוֹב *Le jeune Samuel grandissait et se perfectionnait toujours davantage*, 2 Sam. III, 1 ). Cette façon de parler est analogue à celle du français : *la maladie va toujours en augmentant et en empirant*.

2. Quand l'infinitif remplace le verbe fini. Cette construction dérive de la précédente, et on peut l'expliquer par une ellipse du verbe fini; par ex., Deut. V, 12; comparez שָׁמוֹר תִּשְׁמְרוּן, VI, 17; זָכוֹר *souviens-toi*, Exod. XX, 8; comp. זָכוֹר תִּזְכּוֹר,

Deut. VII, 18; Job XL, 2 : חָרֹב *qui oserait contester?* comp. חָרֹב רָב Juges XI, 25. Ordinairement alors le sujet de la phrase, verbe ou pronom, accompagne cet infinitif; plus souvent encore, un verbe fini le précède et sert à déterminer le temps et la personne qu'il doit représenter, par exemple, Ezéch. I, 14 : הַחַיּוֹת רָצוֹא וָשׁוֹב *les animaux couraient et revenaient* (couraient çà et là); Ecclés. IV, 2 : שַׁבֵּחַ אֲנִי *je rends grâces;* VIII, 9 : רָאִיתִי נָתוֹן *je vois et je donne.* Au reste il est aisé de remarquer que cette construction est beaucoup plus fréquente dans les livres des derniers âges de la langue hébraïque. Employé de cette manière, l'infinitif sert, *A)* de beaucoup plus fréquemment à exprimer le prétérit. Outre les passages cités, voyez encore Jér. XIV, 5 : יָלְדָה וְעָזֹב elle (la perdrix) pond *et abandonne.* Dan. IX, 5. *B)* Quelquefois à exprimer le futur, 2 Sam. III, 18; Jér. III, 1; XXII, 14; XXXII, 44. *C)* Quelquefois aussi à exprimer l'impératif, par exemple, צָרוֹר *rassemble,* Nomb. XXV, 17; שָׁמוֹעַ *écoutez,* Deut. I, 16.

\* *Note* 1. Quelquefois l'infinitif doit être traduit par le passif, et alors cette construction repose sur une ellipse

ellipse du verbe passif (sect. x, not. 1.). P. ex., **Prov.** xii, 7 : הָפוֹךְ *ils seront renversés*, pour יֵהָפְכוּ; xv, 22 : הָפֵר מַחֲשָׁבוֹת *les projets seront détruits*.

2. Le sens est tout différent quand c'est le datif de l'infinitif qui remplace le verbe fini. Voy. sect. suivante, note 1.

3. On trouve très-rarement la forme construite de l'infinitif employée avec les deux significations que l'on vient d'exposer; en voici cependant quelques exemples : שֹׁל, Ruth, ii, 16; קֹב, Nomb. xxiii, 25; שְׁחוֹחַ, Es. lx, 14.

## SECTION XI.

*Cas de l'infinitif. Infinitif avec préposition.*

1. L'infinitif, en qualité de substantif verbal, peut être regardé comme susceptible, ainsi que les autres substantifs, de toutes les modifications de cas. En hébreu cependant, il ne peut, comme en latin, revêtir la forme d'un gérondif déclinable dans le sens propre de ce mot; mais, comme dans les autres noms, ses cas sont indiqués par des prépositions et par l'état construit. Ainsi donc l'infinitif se trouve, *A*) au nominatif, par ex. Gen. ii, 18: לֹא טוֹב הֱיוֹת הָאָדָם לְבַדּוֹ

proprement : *le être seul de l'homme n'est pas bon*; B) au génitif, comme Genèse XXIX, 7 : עֵת הָאָסֵף *le temps de recueillir* ( *tempus colligendi* ); C) à l'accusatif. 1 Rois III, 7 : לֹא אֵדַע צֵאת וָבוֹא *je ne connais pas le sortir et l'entrer*; D) à l'ablatif, précédé des prépositions בְּ ou מִן ( voyez 2 ).

\* Dans les cas de la lettre *c*, lorsque l'infinitif est l'objet d'un verbe actif, il a fréquemment la préposition לְ qui alors devrait se rendre ( en allemand par *zu* ) quelquefois en français par *à* ou *de*. Par ex., Gen. XI, 8 : וַיַּחְדְּלוּ לִבְנוֹת ils cessaient *de bâtir*; Exod. II, 15 : וַיְבַקֵּשׁ לַהֲרֹג il cherchait *à tuer*.

2. La construction d'un infinitif avec une préposition doit se rendre en français par le verbe fini, et par une préposition séparée ou par une autre particule. Elle est fréquemment employée pour exprimer divers temps. Par ex.,

A) Avec בְּ; Gen. II, 4 : בְּהִבָּרְאָם *lorsqu'ils furent créés* ( proprement dans leur être créé ); Exod. XVI, 7 : בְּשָׁמְעוֹ *parce qu'il entendait*; Es. I, 15 : בְּפָרִשְׂכֶם *si vous étendez*.

B) Avec כְּ; Gen. XXXIX, 18: כַּהֲרִימִי קוֹלִי *quand*

j'ai élevé ma voix; XLIV, 30 : כְּבֹאִי *lorsque je viens.*

C) Avec ל qui ordinairement avant un infinitif signifie *à* ou *de* (Voyez 1, not.); mais, de plus, Exod. XIV, 27 : לִפְנוֹת בֹּקֶר *comme le matin approchait*, Gen. I, 22 : לֵאמֹר *pendant qu'il disait*, Es. VII, 15 : לְדַעְתּוֹ *jusqu'à ce qu'il sût*, 1 Rois XVI, 7 : לִהְיוֹת *parce qu'il était*, ou *afin qu'il fût*, Es. X, 2.

D) Avec מִן; Deut. VII, 8 : מֵאַהֲבַת יְהֹוָה אֶתְכֶם *parce que l'Eternel vous aime*, 2 Chron. XXXI, 10 : מֵהָחֵל *depuis qu'il a commencé.* Mais le plus souvent cette forme doit se rendre par *afin que ne, en sorte que ne*; Ps. XXXIX, 2 : אֶשְׁמְרָה מֵחֲטוֹא *je me tiendrai sur mes gardes afin que je ne péche plus* (proprement: *du pécher*); Genèse XXVII, 1 : וַתִּכְהֶיןָ עֵינָיו מֵרְאֹת *et ses yeux étaient affaiblis en sorte qu'il ne pouvait voir*, XVI, 2; Exod. XIV, 5.

<small>* On trouve aussi devant des substantifs la préposition מ avec l'ellipse de l'infinitif הֱיוֹת, dans des cas où il faut cependant le suppléer; par ex., 1 Rois XV, 13 : וַיְסִרֶהָ מִגְּבִירָה *et il l'écarta, en sorte qu'* (elle ne *ne fût*) *plus maîtresse*; Es. VII, 8; XVII, 1.</small>

E) avec עַד *jusque*, Jug. VI, 18; *pendant*, III, 26.

F) avec עַל אָמְרֵךְ *parce que* tu dis, Jer. II, 35.

G) avec תַּחַת Es. LX, 15 : תַּחַת הֱיוֹתֵךְ *au lieu que* tu étais.

\* *Note* 1. Le verbe הָיָה, suivi de לְ et d'un infinitif, équivaut souvent à un futur, comme Gen. XV, 12 : וַיְהִי הַשֶּׁמֶשׁ לָבוֹא et le soleil *allait se coucher*; proprement : était vers le coucher; 2 Chron. XXVI, 5; Nomb. VIII, 11. Fréquemment encore le verbe הָיָה est omis dans cette tournure, Es. XXXVIII, 20 : יְהֹוָה לְהוֹשִׁיעֵנִי l'Eternel *me délivrera*. Prov. XIX, 8 : לִמְצֹא טוֹב *il obtient* un bien ( comp. יִמְצָא XXVI, 2 ); Eccl. III, 14.

2. Avec cette construction le verbe doit souvent être rendu par le passif, comme Jos. II, 5 : וַיְהִי הַשַּׁעַר לִסְגֹּר et la porte *devait être fermée*; proprement : était à fermer; Deut. XXXI, 17 : הָיָה לֶאֱכֹל *doit être, sera consommé*; Es. VI, 13.

3. Très-fréquemment les écrivains hébreux passent d'un infinitif placé de quelqu'une des manières exposées dans ce paragraphe, à un verbe fini, devant lequel alors il faut suppléer la particule ou la conjonction qui était devant l'infinitif. Amos I, 11 : עַל רָדְפוֹ--וְשִׁחֵת רַחֲמָיו

*parce qu'il a poursuivi et parce qu'il a éteint toute compassion* ( littér., *et éteindre* ); 11, 4; Gen. xxxix, 18: כַּהֲרִימִי קוֹלִי וָאֶקְרָא *comme j'élevais ma voix et criais*; Job xxvIII, 26; xxxvIII, 7. 38; Prov. II, 2. 8. ( Comp. les constructions participiales, sect. xiv. )

## SECTION XII.

*Construction de l'infinitif avec le sujet & l'objet.*

Quand l'infinitif est lié avec un sujet, avec un objet ou avec tous deux, on peut poser en règle générale que le sujet est au génitif, l'objet à l'accusatif ( ou en général au cas que le verbe régit ). Par ex. הֲרֹג בָּקָר *égorger un bœuf*, Es. XXII, 13; הָקִים אֶת הַמִּשְׁכָּן *élever le tabernacle* Nomb. IX, 15; par contre בַּעֲלוֹת הַלַּהַב *pendant que la flamme montait* ( proprement, *dans le monter de la flamme* ) Juges xIII, 20; בִּבְרֹחַ אֶבְיָתָר 1 Sam. XXIII, 6. Si le sujet ou l'objet est un pronom, alors le sujet est exprimé par le suffixe nominal ( comme génitif ), et l'objet par le suffixe verbal ( comme accusatif ), ainsi קָרְאִי *mes cris* ( proprement *mon* crier ), לְנַחֲמֵנִי *pour me consoler*.

\* *Note* 1. L'objet se place quelquefois au génitif, dans les cas où l'infinitif doit être rendu par le passif (ainsi, en allemand, on dirait *das Lesen des Buches*); par ex., כִּצְרָף כָּסֶף comme *l'épreuve de l'argent*, comme l'argent est éprouvé, Ps. LXVI, 10; Exod. XIX, 13.

2. Quelquefois par contre les verbes passifs conservent la construction de l'actif avec l'accusatif, p. ex, Gen. XXI, 5 : בְּהִוָּלֶד אֶת יִצְחָק à la naissance (mot à mot, dans *l'être enfanté*) d'Isaac; XL, 20 : יוֹם הֻלֶּדֶת אֶת פַּרְעֹה.

2. Les règles données ci-dessus sont sans exception quand le sujet et l'objet à la fois sont liés avec l'infinitif, par exemple 1 Rois XIII, 4: כִּשְׁמֹעַ הַמֶּלֶךְ אֶת דְּבַר אִישׁ *lorsque le roi eût entendu la parole de l'homme;* Genèse XIII, 10: לִפְנֵי שַׁחֵת יְהֹוָה אֶת־סְדֹם *avant que Jehova eût détruit Sodome;* Ezéch. XXXVII, 13 : בְּפִתְחִי אֶת־קִבְרוֹתֵיכֶם *si j'ouvre vos tombeaux*. Si le verbe régit un double accusatif, tous deux sont également placés de manière à dépendre de l'infinitif, comme אַחֲרֵי הוֹדִיעַ אֱלֹהִים אֹתְךָ אֶת־כָּל־זֹאת *après que Dieu a instruit toi de toutes ces choses*, Gen. XLI, 39.

\* En général, comme les exemples rapportés nous l'indiquent, le sujet de la phrase placé au génitif, suit immédiatement l'infinitif. Quelquefois cependant l'objet se place entre deux, comme Es. xx, 1 : בִּשְׁלוֹחַ אֹתוֹ סַרְגוֹן *lorsque envoya lui Sargon*; v, 24.

## SECTION XIII

*Construction de l'impératif.*

1. Le futur s'emploie constamment en hébreu pour exprimer la 3.ᵉ personne de l'impératif et les impératifs passifs (pour lesquels la langue n'a aucune forme spéciale). Il en est de même dans les impératifs négatifs, et par conséquent dans les défenses, comp. Sect. VIII, 3, c.

2. Quand deux impératifs sont liés ensemble (avec ou sans ו), plus ordinairement le premier indique une condition, et le second son résultat; ce dernier doit par conséquent se traduire par le futur; Gen. XLII, 18 : זֹאת עֲשׂוּ וִחְיוּ mot à mot, *faites cela et vivez*, c'est-à-dire : si vous faites cela, vous vivrez; Prov. VII, 2; IX, 6; XX, 13 : פְּקַח עֵינֶיךָ שְׂבַע־לָחֶם, *ouvre tes yeux et tu te rassasieras* de pain. Si le premier impératif exprime une concession, le ו qui les unit doit se traduire par *mais, cependant, néanmoins*; Es. VIII, 9 : הִתְאַזְּרוּ וָחֹתּוּ

ceignez-vous, *néanmoins vous serez consternés et couverts de honte*, v̇. 10. Voici un exemple où le premier impératif doit aussi se traduire par le futur, Es. VI, 9 : שִׁמְעוּ שָׁמוֹעַ וְאַל־תָּבִינוּ vous entendrez et ne comprendrez point; comp. XXIX, 9; XLV, 22; LV, 2.

\* *Note.* Si l'impératif est destiné à exprimer une prière, un désir ou un encouragement, il prend assez volontiers, après lui, le ה paragogique, si sa forme le permet, ou la particule נָא; p. ex., לְכָה *allons, courage*; שִׁמְעָה *écoutes donc!* Job XXXII, 10; בֹּא־נָא *viens, je te prie*, Gen. XVI, 2; אִמְרִי־נָא *parle, je te prie*, XII, 13.

# SECTION XIV.

## *Du participe.*

1. Si le participe actif est accompagné de l'objet de l'action, ou il se construit alors comme un adjectif verbal, et le nom se met au cas que le verbe demande; ou plus fréquemment le participe se construit alors comme substantif avec le nom au génitif. Voici des exemples du premier cas : Jér. XXVI, 19 : יְרֵא אֶת־יְהֹוָה *craignant*

*Dieu*; 1 Sam. XVIII, 29 : אֹיֵב אֶת־דָּוִד *haïssant David*; 1 Rois, IX, 23 : הָרֹדִים בָּעָם ( *les dominans sur le peuple* ) ceux qui dominent sur le peuple; Es. IX, 3 : הַנֹּגֵשׂ בּוֹ *celui qui le presse*, l'inspecteur des corvées. Voici par contre des exemples du second : יְרֵא אֱלֹהִים l'adorateur ( *le craignant* ) de Dieu, Gen. XXII, 12; יֹשְׁבֵי בַיִת les *habitans* de la maison, Ps. LXXXIV, 5; יֹרְדֵי בוֹר ceux qui descendent dans le sépulcre ( mot à mot : *les descendans du sépulcre* ), Prov. I, 12. L'on peut aussi employer également avec ce participe le suffixe personnel : עֹשֵׂנִי *celui qui me créa*, et le possessif עֹשִׂי *mon créateur*.

\* La seconde de ces deux constructions, celle qui veut le génitif, ne se rencontre proprement que dans les verbes actifs qui régissent un accusatif régulier (sect. XVII); p. ex., Gen. XXIII, 10 : בָּאֵי שַׁעַר *ceux qui entrent par la porte*, parce que בּוֹא ( *entrer* ) régit l'accusatif sans préposition. Mais elle se rencontre cependant aussi quelquefois dans les verbes qui prennent une préposition avec leur régime, p. ex., קָמָיו, קָמַי, *ceux qui s'élèvent contre* moi, *contre* lui, pour קָמִים עָלָיו, עָלַי, Ps. XVIII, 40, 49. Deutér. XXXIII, 11. Quelquefois la préposition et l'état construit se trouvent à-la-fois comme Ps. II, 12 : כָּל־חוֹסֵי בוֹ *tous ceux qui se confient en* lui; Es. ix, 1 : יֹשְׁבֵי בָאָרֶץ les habitans *dans* la terre (comp. sect. xxiv, 1. *a*).

2. Le participe passif se construit de même ou avec le cas de son actif, ou avec le génitif, par ex., לְבוּשׁ בַּדִּים Ezéch. ix, 2, et לְבוּשׁ הַבַּדִּים *revêtu d'habits blancs;* חָגוּר אֵפוֹד 1 Sam. ii, 18, et חֲגוּרַת־שָׂק Joël 1, 8, ceint de l'Ephod, et *ceinte d'un habit de deuil.* Mais ici, encore, on trouve quelquefois le génitif là où on devrait avoir une préposition, lorsque le nom rapproché du participe passif exprime la cause efficiente de l'action du verbe (Sect. XVIII, 3), par ex., Es. 1, 7 : שְׂרוּפוֹת אֵשׁ brûlées *par* le feu (*du feu*), Job xiv, 1 : יְלוּד אִשָּׁה *né de la femme,* pour מֵאִשָּׁה (Comp. Sect. XXIV, 2). Voici des exemples où l'on trouve la préposition : בָּרוּךְ לַיהוָֹה *béni par Dieu;* בָּלוּל בַּשֶּׁמֶן *oint avec l'huile.*

3. Les formes de participe que nous connaissons ont au besoin la signification de tous les temps, comme מֵת *mourant,* הֹלֵךְ *allant,* הַמּוֹלֵךְ *qui régnait,* Jér. xxii, 11; מֵת *celui qui est mort, le cadavre,* לוֹקְחֵי בְנֹתָיו *ceux qui avaient choisi ses filles,* Gen. xix, 14; עַם נוֹלָד *le peuple*

*qui doit naître*, Ps. XXII, 32. Les participes passifs, de la même manière, peuvent se traduire quelquefois par le participe latin en *ndus*, par exemple, נוֹרָא *metuendus*, redoutable, Ps. LXXXVI, 8; נִבְחָר *eligendus*, et de là précieux, excellent; מְהֻלָּל *laudandus*, digne de louanges. — Cependant le sens le plus ordinaire de ces participes est celui du présent.

4. Fréquemment il arrive qu'on emploie le participe pour exprimer divers temps du verbe fini, principalement les suivans :

A) Le présent, de beaucoup plus souvent qu'aucun autre, p. ex., Eccl. I, 4 : דּוֹר הֹלֵךְ וְדוֹר בָּא une génération *passe* et une autre lui *succède*; ✶. 7 : כָּל־הַנְּחָלִים הֹלְכִים tous les torrens *s'écoulent*; II, 14; III, 20; VI, 6; Es. I, 7. Cet usage du participe est habituel en syriaque et en chaldéen.

B) Le temps de la narration (imparfait ou prét. défini); p. ex. Gen. II, 10 : וְנָהָר יֹצֵא מֵעֵדֶן et un fleuve *sortait* d'Eden; XLI, 17; XIII, 7.

C) Le futur; Gen. XVII, 19 : שָׂרָה יֹלֶדֶת לְךָ בֵּן Sara *t'enfantera* un fils; VII, 4; XIX, 13; Jos. I, 11.

Si le sujet est un pronom personnel, ou

celui-ci se place immédiatement à côté du participe, comme יָרֵא אָנֹכִי *je redoute*, Genèse XXXII, 12, יָרֵא אַתָּה *tu redoutes*, Jug. VII, 10, אֲנַחְנוּ יְרֵאִים *nous redoutons*, 1 Sam. XXIII, 3; ou bien on ajoute au suffixe le mot יֵשׁ ( il est ), comme Juges VI, 26 : אִם יֶשְׁךָ מוֹשִׁיעַ *si tu délivres*; Genèse XXIV, 49 : אִם יֶשְׁכֶם עֹשִׂים *si vous faites*.

Si la proposition est négative, la négation est toujours exprimée par אֵין, et si de plus le sujet est un pronom personnel, ce pronom s'attache à la négation sous forme de suffixe, par ex., Exod. V, 16 : תֶּבֶן אֵין נִתָּן *la paille ne sera point donnée*; Lévit. XXVI, 6 : אֵין מַחֲרִיד *personne n'effraie*; Gen. XLIII, 5 : אִם אֵינְךָ מְשַׁלֵּחַ *si tu ne permets pas*.

\* NOTE 1. Quelquefois, mais rarement, dans le cas du n.º 4, on insère, avant le participe, le v. הָיָה, et principalement, comme il est aisé de le remarquer, lorsque c'est un imparfait que le participe doit exprimer; p. ex., Job I, 14 : הַבָּקָר הָיוּ חֹרְשׁוֹת *les bœufs labouraient*; Néh. I, 4 : וָאֱהִי צָם *je jeûnais*; quelquefois aussi lorsque c'est le présent; par ex., Ps. CXXII, 2.

2. Quelquefois un participe est immédiatement suivi d'un verbe fini, et alors il faut *sous-entendre*, devant ce dernier, *celui qui* (אֲשֶׁר), qui est censé être compris dans le participe; Prov. xix, 26 : מְשַׁדֶּד־אָב יַבְרִיחַ אֵם *celui qui maltraite son père et* (qui) *met en fuite sa mère*, etc. ii, 14 : הַשְּׂמֵחִים—יָגִילוּ *ceux qui se réjouissent et triomphent*; ψ. 17; Gen. xxvii, 33; Amos ii, 7. (Ceci est tout-à-fait analogue à la construction que nous avons remarquée à l'occasion de l'infinitif, sect. xi, not. 3.)

## SECTION XV.

### *De l'optatif.*

Nous avons déjà dit plus haut (Sect. VII, 3, B) que le futur, surtout lorsqu'il est accompagné du ה paragogique et de la particule נָא peut servir à exprimer l'optatif; nous devons indiquer encore ici deux autres tournures qui ont le même effet.

1. Les formules interrogatives, par exemple, 2 Sam. xv, 4: מִי יְשִׂמֵנִי שֹׁפֵט *qui est-ce qui me fera Juge?* C'est-à-dire, *si quelqu'un pouvait me faire Juge?* Juges ix, 29: מִי יִתֵּן אֶת הָעָם הַזֶּה בְּיָדִי *qui est-ce qui pourrait mettre ce peuple sous*

ma main? Ps. LV, 7. Job XXIX, 2; La phrase מִי יִתֵּן s'emploie très-fréquemment sans que l'idée de *donner* y soit encore pour quelque chose, et sans qu'elle signifie autre chose que *utinam*, plaise à Dieu! Elle se construit, A) avec un accusatif; Deut. XXVIII, 67 : מִי יִתֵּן עֶרֶב *ô si le soir pouvait venir!* B) avec un infin.; Exod. XVI, 3 : מִי יִתֵּן מוּתֵנוּ *plût à Dieu que nous fussions morts!* C) avec le verbe fini (avec ou sans le וְ ), Deut. V, 26 : מִי יִתֵּן וְהָיָה לְבָבָם *ô si c'était leur cœur!* Job XXIII, 3 : מִי יִתֵּן יָדַעְתִּי *ô si je savais!*

2. L'adjonction de la particule אִם *si, ô si*, לוּ *ô si*, particulièrement de la dernière. Ps. CXXXIX, 19. Elle accompagne le futur, Gen. XVII, 18; le participe, Ps. LXXXI, 14; rarement l'impératif, Gen. XXIII, 13. Si elle est suivie du prétérit, elle exprime le désir que quelque chose *fût* arrivé; Nomb. XX, 3 : לוּ גָוַעְנוּ *plût à Dieu que nous fussions morts!*

# SECTION XVI.

## *Personnes du verbe.*

1. Nous avons vu ( Sect. II, 1 ) que le pronom personnel est quelquefois employé d'une manière incorrecte, et sans s'accorder en nombre et en genre avec le nom auquel il se rapporte ; il en est de même des personnes du verbe, du moins quant au genre. On trouve, par exemple, en rapport avec des noms féminins, ces formes masculines : יְדַעְתֶּם Ezéch. xxiii, 49 ; עֲשִׂיתֶם Ruth I, 8; וַתִּכְרָת Es. lvii, 8; תָּעִירוּ et תְּעוֹרְרוּ Cant. ii, 7.

2. La troisième personne, principalement du masculin, s'emploie très-fréquemment dans un sens impersonnel, par exemple, וַיְהִי *et il arriva;* וַיֵּצֶר לוֹ et צַר לוֹ *cela allait mal pour lui, il y avait un état de détresse pour lui;* חַם לוֹ et וַיִּחַם לוֹ *il faisait chaud pour lui;* טוֹב לוֹ et וַיִּיטַב לוֹ *cela allait bien pour lui.*

3. Le pronom *on* ( pour lequel les Hébreux n'ont aucun mot propre ) est suppléé, *A*) par la troisième personne du singulier, par exemple,

קָרָא *on nommait*, Gen. XI, 9; XVI, 14; B) par la troisième personne du pluriel, par exemple, Gen. XLI, 14 : וַיְרִיצֻהוּ *et ils le retirèrent en hâte*, pour *et on le retira*; C) par la seconde personne, par ex., Es. VII, 25 : לֹא תָבֹא שָׁמָּה *on n'ira point là*; de même encore dans la phrase habituelle עַד בֹּאֲךָ ou בֹּאֲךָ *jusqu'à ce que l'on vienne*; (D plus rarement par le passif, par ex., Genèse IV, 26 : אָז הוּחַל לִקְרֹא *alors on commença à appeler*.

* NOTE. Les tournures *a* et *b* pourraient bien avoir pour principe une ellipse du participe; quelquefois, en effet, le participe s'y trouve et la phrase est complète; p. ex., Es. XVI, 10 : יִדְרֹךְ הַדֹּרֵךְ *on foulera*; Jér. XXXI, 5 : נָטְעוּ נֹטְעִים *on a planté* (litt., *les planteurs ont planté*); Es. XXIV, 16; Nah. II, 3. Mais, 1 Sam. IX, 9, c'est le mot אִישׁ qui sert à remplir l'ellipse : לְפָנִים בְּיִשְׂרָאֵל כֹּה אָמַר הָאִישׁ *autrefois en Israël on disait ainsi*.

4. Les poëtes et les prophètes, en particulier, passent souvent dans la même phrase d'une personne à l'autre, par exemple, Es. I, 29 : כִּי יֵבֹשׁוּ מֵאֵילִים אֲשֶׁר חֲמַדְתֶּם *car il sera couvert de honte à cause des bocages que vous avez aimés*

*aimés* ( *il* et *vous* se rapportent également au peuple auquel le prophète s'adresse); XLIX, 25. 26; Deut. XXXII, 15. 17. 18; Mich. II, 3.

## SECTION XVII.

### *Verbes avec l'accusatif.*

En général tous les verbes actifs régissent l'accusatif, mais il faut remarquer là-dessus :

1. Un grand nombre de verbes sont à la fois neutres et actifs en hébreu, comme בָּכָה *pleurer* et *pleurer quelqu'un*; יָשַׁב *habiter*, et *s'établir, prendre possession de quelque endroit*; יָצָא *sortir*, et *sortir de quelque endroit, egredi urbem*.

2. Beaucoup de verbes qui, dans nos langues modernes, ne régissent pas l'accusatif, le régissent en hébreu par suite d'une acception particulière de leur signification primitive, par ex., עָנָה *répondre*, רִיב *plaider la cause de* quelqu'un ( proprement *protéger quelqu'un devant les tribunaux* ); il en est de même de צִוָּה *commander à* quelqu'un, עָרַב *s'engager pour* quelqu'un.

3. Les classes de mots qui tout entières prennent un accusatif (sans qu'il en soit de même

dans nos langues modernes), sont : *A*) les verbes qui indiquent l'action de revêtir ou de dépouiller, par exemple, לָבַשׁ *mettre un habit*, אָזַר *ceindre*, פָּשַׁט *poser un vêtement*, עָדָה *mettre comme ornement*; *B*) ceux qui indiquent l'abondance ou la disette, par exemple, מָלֵא *être plein*, שָׂבַע *être rassasié*, פָּרַץ *faire une éruption au dehors*, חָסֵר *avoir besoin*, שָׁכֹל *être privé* (de ses enfans); ainsi, Exod. I, 7 : וַתִּמָּלֵא הָאָרֶץ אֹתָם *le pays était plein d'eux*; Genèse XVIII, 28 : אוּלַי חֲמִשִּׁים צַדִּיקִים יַחְסְרוּן חֲמִשָּׁה littéralement *peut-être que cinquante justes manqueront encore cinq*, c'est-à-dire, qu'il en manquera encore cinq pour faire cinquante; Genèse XXVII, 45 : אֶשְׁכַּל גַּם שְׁנֵיכֶם *je vous perdrai tous deux*; *C*) plusieurs verbes d'habitation, par exemple, גּוּר, שָׁכַב; Ps. LVII, 5 : אֶשְׁכְּבָה לֹהֲטִים *j'habite au milieu des flammes*.

\* *Note* 1. C'est par cet accusatif d'abondance ou de disette qu'il faut expliquer les verbes d'*aller*, de *couler*, qui veulent l'accusatif de l'objet qui *va* ou qui *coule*; p. ex., Joël IV, 18 : הַגְּבָעוֹת תֵּלַכְנָה חָלָב *les collines découleront de lait*; Lament. III, 48 : פַּלְגֵי מַיִם תֵּרַד עֵינִי *mon œil descend en torrens de larmes*; Prov.

XXIV, 31 : וְהִנֵּה עָלָה כֻלּוֹ קִמְּשֹׂנִים voici : il ( le champ ) *était monté tout entier en épines*. Le latin en pareil cas, prend l'ablatif : *auro fluxit, theatrum descendit ruinis*. Comp. יָצָא, Amos v, 3; נָזַל Jér. ix, 17; Es. xlv, 8.

2. Quelquefois un nom verbal à l'accusatif accompagne le verbe même d'où il est tiré ( nous avons remarqué une construction analogue, à propos des infinitifs, sect. x, 2 ), mais il n'augmente l'intensité du sens que dans un très-petit nombre de cas, comme Nomb. xi, 4 : הִתְאַוּוּ תַאֲוָה *ils convoitaient*. Cela a lieu, ou sans ajouter au sens aucune acception nouvelle, comme צוּם צוֹם *faire un jeûne*, חָלָה חֳלִי *il est tombé dans une maladie*, ou lorsque la phrase contient quelque détermination particulière de l'idée; p. ex., Gen. xxvii, 34 : וַיִּצְעַק צְעָקָה גְדוֹלָה וּמָרָה *il poussa un cri grand et douloureux*. Il en est de même en grec.

4. Les verbes qui régissent un double accusatif, sont :

*A*) Les conjugaisons *pihel* et *hiphil* de tous les verbes qui régissent habituellement l'accusatif ( en supposant que ces conjugaisons aient la signification *effective* ). Par ex., Exod. xxviii, 3 : מִלֵּאתִיו רוּחַ חָכְמָה *je l'ai rempli d'un esprit de sagesse*; Gen. xli, 42 : וַיַּלְבֵּשׁ אֹתוֹ בִּגְדֵי־שֵׁשׁ *il le revêtit d'un habit de lin*.

B) Les verbes qui emportent l'idée de faire dans un certain but; Gen. XVII, 5 : אַב הֲמוֹן גּוֹיִם נְתַתִּיךָ *je te fais père d'une multitude de nations;* Exod. XXX, 25 : וְעָשִׂיתָ אֹתָהּ שֶׁמֶן מִשְׁחַת קֹדֶשׁ et tu feras cela *pour* l'huile de l'onction sainte. Nos langues modernes expriment fréquemment par *avec*, *de*, (*aus*), ces phrases qui, en hébreu, veulent l'accusatif de *la matière* : Tu feras *avec* cela (dirions-nous) l'huile de l'onction sainte; 1 Rois XVIII, 32 : וַיִּבְנֶה אֶת הָאֲבָנִים מִזְבֵּחַ il bâtit un autel *avec* des pierres, *de* pierres. Quand l'accusatif de la matière est après l'autre, la phrase paraît très-bizarre : כָּל־כֵּלָיו עָשָׂה נְחֹשֶׁת il fit tous ses ustensiles *d'*airain; Gen. II, 7; Exod. XXV, 31; XXXVI, 14; XXXVII, 23.

C) Enfin plusieurs autres verbes comme עָנָה avec le double accusatif, répondre quelque chose à quelqu'un; שָׁאַל, etc.

* *Note* 1. Quand un verbe est très-fréquemment lié avec un certain sujet ou un certain objet, quelquefois celui-ci est omis sans que le sens cesse d'être le même; p. ex., כָּרַת בְּרִית *conclure un traité;* ( sans בְּרִית, 1 Sam. XX, 16 ); חָסָה עֵינִי עַל *mon œil voit avec pitié le..., j'ai pitié du...* ( sans עֵינִי, 1 Sam. XXIV, 11 ); וַיִּחַר לוֹ *et s'embrasa à lui;* sous-entendez אַף sa colère.

2. Les verbes qui prennent un double accusatif, en prennent un simple au passif; Ps. LXXX, 11 : כִּסּוּ הָרִים צִלָּהּ les montagnes étaient couvertes de son ombre; 1 Rois XXII, 10 : מְלֻבָּשִׁים בְּגָדִים revêtues d'habits, etc.

3. Plusieurs verbes neutres sont quelquefois employés comme passifs; p. ex., עָלָה il est monté, pour *il a été enlevé, il a été détruit;* קוּם se tenir debout, pour *être mis en place;* יָצָא il est sorti, pour *il a été mis dehors.*

## SECTION XVIII.

*Verbes suivis de prépositions.*

1. L'on sait que la langue hébraïque n'a point de ces verbes qui, composés d'autres verbes et de prépositions, se retrouvent en si grande quantité dans les langues grecque, latine et allemande. Mais elle y supplée, et modifie réellement l'idée du verbe par une préposition, en la plaçant à la suite comme en allemand : *Jch falle nieder* ( de l'infinitif : *niederfallen* ). On peut conclure de là quelle importance il y a à bien étudier ces diverses constructions; fréquemment en effet, un mot a des significations très-diverses suivant les différentes constructions dont il est susceptible, par ex., קָרָא *appeler*

avec לְ signifie *nommer*, avec בְּ *appeler quelqu'un;* נָפַל *tomber*, avec עַל signifie *fondre sur*, et aussi *se flétrir*, avec מִן *abandonner quelqu'un;* avec לִפְנֵי *se prosterner devant;* הָלַךְ *aller*, avec אַחֲרֵי *suivre*, etc.

2. C'est aux dictionnaires à donner le catalogue exact des constructions propres à chaque verbe; nous nous contenterons ici de quelques remarques générales.

\* *A*) Plusieurs verbes qui expriment *l'action des sens*, construits avec בְּ, indiquent par cela même une jouissance, et plus rarement une douleur, résultant de cette action; p. ex., Job IV, 9 : אַל יִרְאֶה בְּעַפְעַפֵּי שָׁחַר *de peur qu'il ne jouisse de la vue des paupières de l'aurore;* xx, 17; Gen. XXI, 16 : אַל אֶרְאֶה בְּמוֹת הַיֶּלֶד *que je ne voie point la mort de mon enfant;* il en est de même de חָזָה *voir, avoir une vision,* שָׁמַע *entendre,* לֶחֶם אָכַל et *manger.*

*B*) Les verbes d'*aller* et de *venir*, suivis de בְּ indiquent l'action de porter (aller *avec* quelque chose), p. ex., Juges XV, 1 : Et Samson alla voir sa femme בִּגְדִי *avec* (en portant) un chevreau.

*C*) Les verbes qui signifient *couvrir, recouvrir*, lorsqu'ils ont le sens de *protéger*, par ex., גָּנַן, כָּסָה, se construisent volontiers avec עַל (mot à mot, faire une couverture, un abri sur )‎. Il en est de même des verbes qui ont le sens d'être pesant, dans l'acception d'être à charge; p. ex., כָּבַד עַל.

*D*) Plusieurs verbes de *savoir*, *voir*, se construisent avec בֵּין, et signifient alors : savoir, voir la différence entre, etc. Ainsi, 2 Sam. XIX, 36 : הַאֵדַע בֵּין טוֹב לְרָע sais-je distinguer entre le bien et le mal ! Mal. III, 18; 1 Rois III, 9.

*E*) Plusieurs verbes de *fermer* se construisent avec בְּעַד, proprement, fermer *autour*, *devant* quelque chose, enfermer. P. ex., Gen. XX, 18 : עָצֹר יְהוָֹה בְּעַד כָּל רֶחֶם *l'Eternel avait fermé toutes les matrices*; 1 Sam. I, 6; Job IX, 7.

3. Avec les passifs, la cause efficiente se place plutôt au datif ( avec לְ ) comme en grec; Exod. XII, 16 : הוּא יֵעָשֶׂה לָכֶם cela doit être préparé *par* vous; Es. XIX, 22 : וְנֶעְתַּר לָהֶם il se laisse fléchir *par* eux; Gen. XIV, 19; Es. LXV, 1; plus rarement avec מִן, Cant. III, 10 : רָצוּף מִבְּנוֹת יְרוּשָׁלָםִ *travaillé par les filles de Jérusalem*; Job VII, 14; Ecclés. XII, 11.

\* On trouve une fois, Es. XLIV, 21, le datif exprimé par un suffixe : תִנָּשֵׁנִי tu seras oublié *de moi*, pour תִנָּשֶׁה לִי.

## SECTION XIX.

*Emploi des verbes avec le sens d'adverbes.*

Quand deux verbes sont liés ensemble, fréquemment l'un des deux sert seulement à déterminer l'autre, et doit se traduire par un adverbe. Alors, ou tous les deux ont la forme de verbes finis ( avec la copule et aussi sans elle ), ou le second est à l'infinitif ( avec ou sans לְ ). P. ex., 1 Sam. II, 3 : אַל תַּרְבּוּ תְדַבְּרוּ *ne multipliez* ( et ) *ne parlez pas*, pour : ne parlez pas *beaucoup*. ( Cette construction *asyndeta* est particulièrement fréquente en arabe ). Genèse XXVI, 18 : וַיָּשָׁב וַיַּחְפֹּר *il retourna et creusa*, pour : il creusa *de nouveau*; XXVII, 20 : מַה־זֶּה מִהַרְתָּ לִמְצֹא *comment donc t'es-tu si fort hâté de trouver,* c'est-à-dire, comment as-tu *si promptement* trouvé; XXXI, 28 : הִסְכַּלְתָּ עָשׂוֹ tu as agi *follement*.

\* Les verbes qui s'emploient le plus fréquemment de la sorte sont הֵיטִיב il a bien fait (pour *bien*); הוֹסִיף il a continué, il a ajouté (pour *toujours, de nouveau*); כִּלָּה il a terminé (*complètement, entièrement*), il répond au français : *achever de;* מִהַר il s'est hâté (*rapidement, promptement*); הִרְבָּה il a multiplié ( *beaucoup* ); שׁוּב retourner ( *de nouveau* ).

## SECTION XX.

*Construction prégnante.*

On désigne par cette expression ( latine ) les constructions où, entre le verbe et l'objet, il faut sous-entendre un autre verbe dont dépend la construction de l'objet. Par ex. Ps. XXII, 22 : מִקַּרְנֵי רֵמִים עֲנִיתָנִי *exauce moi* ( en me délivrant ) *des cornes des buffles*; Ps. LXXXIX, 40 ; Es. XIV, 17. Cette construction se retrouve quelquefois dans des phrases d'un usage continuel, par ex. מָלֵא הָלוֹךְ אַחֲרֵי יְהוָֹה pour מָלֵא אַחֲרֵי יְהוָֹה *il a suivi complètement Jéhova;* Nomb. XIV, 24; XXXI, 11; Deut. I, 36.

# CHAPITRE III.

### SYNTAXE DU NOM.

---

## SECTION XXI.

*Emploi des substantifs à la place des adjectifs.*

La langue hébraïque a, proportionnellement aux substantifs, un très-petit nombre d'adjectifs.

Quelques classes même de ceux-ci manquent entièrement, par exemple ceux qui indiquent la *matière* (1). On y supplée par des substantifs, principalement des manières suivantes :

1. On met au génitif le substantif qui indique la nature ou la propriété de l'objet en question. C'est ainsi qu'on supplée constamment les adjectifs de matière, par exemple : כְּלִי כֶסֶף *vasa argentea*, תֵּבַת עֵצִים *arca lignea*, précisément comme en français *des vases d'argent, une arche de bois*; ainsi encore אֲחֻזַּת עוֹלָם, *une possession éternelle*, Gen. XVII, 8 ; אִמְרֵי אֱמֶת *des paroles véritables*, Prov. XXII, 21. L'habitude de ces constructions étant générale, on les a employées, lors-même qu'il y avait un adjectif équivalent, par ex. בִּגְדֵי הַקֹּדֶשׁ *les vêtemens sacrés*, Exod. XXIX, 29.

\* NOTE 1. Quant à la manière dont les suffixes se lient à des substantifs construits de la sorte, voy. sect. XXIV, note.

2. Cette manière de tenir lieu de l'adjectif est remplacée quelquefois, mais plus rarement, par d'autres arrangemens des substantifs, p. ex., בְּחֹזֶק יָד *avec force de*

(1) אֶרֶז *de cèdre*, נְחוּשׁ *d'airain*, appartiennent cependant à cette classe.

*main*, pour : à main forte, Exod. XIII, 3. Ici se rapporte également l'emploi tout-à-fait habituel de כֹּל, proprement *totalité*, pour *tout*, voy. ci-dessus sect. 1, 4, ou bien encore l'adjectif est remplacé par un substantif qu'accompagne une préposition, p. ex., Ps. XXIX, 4 : קוֹל יְהוָֹה בַּכֹּחַ *la voix de l'Eternel est forte* ( litt., *en force* ).

3. Lorsque l'adjectif seul doit être le sujet ou l'objet du verbe, il est quelquefois remplacé simplement par un substantif, p. ex. : וְהָיוּ קֹדֶשׁ *ils seront sainteté*; Ps. XXXV, 6 : *leur chemin sera ténèbres*; X, 5; LXXXVIII, 19.

Il y a plusieurs adjectifs qui indiquent une possession, une manière d'être, une habitude, et qui dans nos langues modernes sont souvent dérivés du subst. dont ils indiquent la possession, etc. Lorsque ces adjectifs doivent être placés seuls, et avec le sens de substantifs ( p. ex. *un oriental, un mortel, un babillard* ) ils sont ordinairement remplacés par une tournure tout-à-fait métaphorique et orientale; par un nom qui indique le *possesseur* de la propriété, de l'objet, dont l'adjectif aurait dû indiquer la possession. Les noms usités pour ces espèces de métaphores sont les suivans:

* *A*) אִישׁ homme, p. ex., אִישׁ דְּבָרִים *un homme de paroles*, pour un parleur, un homme exercé à parler, Exod. IV, 10; אִישׁ דַּעַת *un homme habile*, Prov. XXIV, 5. *B*) מְתִים *les hommes*, p. ex., Es. V, 13:

מְתֵי רָעָב *des hommes de famine*, pour des affamés. c) בַּעַל *seigneur*, comme בַּעַל הַחֲלוֹמוֹת *seigneur des songes*, pour le songeur, Gen. XXXVII, 19; בַּעַל שֵׂעָר *velu*, 2 Rois I, 8. D) בֵּן *fils*, et בַּת *fille*, par ex., בֶּן חַיִל *fils de la bravoure*, pour un vaillant homme, 1 Rois I, 52; בֶּן קֶדֶם *un oriental*, Gen. XXIX, 1; בֶּן שָׁנָה *âgé d'un an*, Exod. XII, 5; בֶּן מָוֶת *condamné à mort*, 1 Sam. XX, 31.

Quelquefois il arrive que quelque circonstance fait omettre le premier nom, p. ex., בְּלִיַּעַל, Job XXXIV, 18, ailleurs, אִישׁ בְּלִיַּעַל *un vaurien*; comp. אֹרַח pour אִישׁ אֹרַח *un voyageur*, Job XXXI, 32.

*Note.* Par contre, dans certains cas, les adjectifs sont employés comme substantifs. Ainsi :

1. Quand un adjectif masc. ou fém. doit être regardé comme neutre, et exprimer l'idée abstraite; par exemple, אֵיתָן *solide*, et de là *la solidité*, la chose solide; תָּמִים *intègre*, et de là *l'intégrité*, l'homme intègre, etc.

2. Il y a certaines épithètes que les poëtes hébreux sont dans l'usage d'employer seules, et sans les accompagner de leur substantif; cela n'introduit cependant aucune équivoque, parce que ce substantif est déterminé, étant toujours le même. P. ex., אַבִּיר *le fort*, c'est-à-dire Dieu; אַבִּיר *le robuste*, c'est-à-dire, le taureau, et dans Jérémie, le cheval; לְבָנָה *la pâle*, c'est-à-dire, la lune. Cela est encore beaucoup plus commun en arabe.

## SECTION XXII.

*Répétition des noms.*

La répétition d'un nom ( avec ou sans la conjonction וְ ) sert à indiquer : 1) une multitude, par exemple, Gen. XIV, 10 : בְּאֵרֹת בֶּאֱרֹת de nombreuses fosses ; 2 Rois III, 16 ; 2) une distribution ; Gen. XXXII, 17 : עֵדֶר עֵדֶר les troupeaux un à un ; Nomb. XXXI, 4 ; 3) la totalité et dans ce sens la répétition peut se rendre par *chaque* (sect. V, 3) ; 4) une différence ( et dans ce sens elle exige toujours le וְ ), par exemple Deut. XXV, 13 : אֶבֶן וָאָבֶן différentes espèces de poids ; Ps. XII, 3 : בְּלֵב וָלֵב avec des sentimens différens ; 5) la vivacité du sentiment de celui qui parle, par exemple, Ps. XXII, 2 : mon Dieu, mon Dieu !

\* Dans la signification du n.º 3, on trouve quelquefois rapprochées les formes masculines et féminines du même mot, comme Es. III, 1 : מַשְׁעֵן וּמַשְׁעֵנָה toute espèce d'appui.

## SECTION XXIII.

*Emploi des cas. Nominatif.*

Il faut particulièrement remarquer ici l'emploi

de ce qu'on appelle *nominatif absolu* ; on nomme ainsi le nominatif du sujet lorsqu'il demeure seul, comme s'il formait une phrase complète, et lorsqu'il n'entre dans aucune liaison régulière avec la phrase suivante. Presque toujours ce nominatif absolu doit se traduire par : *quant à..* et fréquemment il est lié à ce qui suit par un וְ qui indique le commencement d'une seconde partie de la phrase. On doit distinguer deux cas :

1. Lorsque le nominatif absolu est le sujet de la phrase suivante ; Job XXXVI, 26 : שָׁנָיו וְלֹא חֵקֶר ( quant à ) *ses années*, elles ne peuvent être comptées ; Gen. XXII, 24.

2. Lorsque pour lier les deux phrases, il faudrait mettre le nominatif absolu à un *cas oblique*, ou en faire le régime d'une préposition ; dans ce cas, le nominatif absolu est représenté dans la phrase suivante par un pronom au cas exigé, Ps. XI, 4 : יְהֹוָה בַּשָּׁמַיִם כִּסְאוֹ *l'Eternel, dans le ciel est le trône de lui*, pour : le trône de l'Eternel est dans le ciel ; Prov. XVI, 20 ; Ps. LXXIV, 17 ; Job XXVIII, 5 ; avec וְ, Job XXIII, 12.

<sub>*</sub> Du reste cette construction absolue n'est pas absolument propre au nominatif. On trouve placés de la sorte, avant la phrase, et d'une manière absolue, des accusatifs et des mots régis par des prépositions, p. ex.

Exod. XVI, 6 : עֶרֶב וִידַעְתֶּם *ce soir, et vous verrez*; Gen. III, 5 : בְּיוֹם אֲכָלְכֶם וְ *au jour* (où) *vous mangerez, alors....*

*Note.* Dans les écrits du dernier âge, on trouve quelquefois לְ devant le nominatif absolu, p. ex. 1 Chron. III, 2; comp. 2 Sam. III, 3; comp. aussi ce qui sera dit sur אֵת, sect. XXVI, note.

## SECTION XXIV.

### *Du Génitif.*

1. Dans la règle, les Hébreux remplacent le génitif en abrégeant le nom *régissant* par l'état construit. Mais cette règle souffre une double exception.

*A*) On trouve souvent la forme construite sans qu'elle soit suivie du génitif, mais devant des prépositions, devant le pronom relatif, ou lorsque le second substantif n'est que le nom du premier. Par exemple, שִׂמְחַת בַּקָּצִיר *la joie dans la moisson*, Es. IX, 2; Ps. CVIII, 13; Gen. XL, 3 : מְקוֹם אֲשֶׁר *le lieu où*; Deut. I, 7 : נְהַר פְּרָת *le fleuve* (nommé) *Euphrate*. Cela a même lieu quand אֲשֶׁר est omis; Es. XXIX, 1. — Ici l'état construit ne sert qu'à indiquer une dépendance nécessaire.

B) Quelquefois le substantif ne revêt pas la forme construite, quoique le mot suivant dût être placé au génitif. Par ex. יְהֹוָה אֱלֹהִים צְבָאוֹת *l'Eternel Dieu des armées*, Ps. LXXX, 5 ; אֲמָרִים אֱמֶת Prov. XXII, 21. Cette bizarrerie doit tantôt être considérée comme une *apposition*, tantôt être expliquée par l'ellipse du nom *régissant*, entre les deux noms dont il s'agit, comp. יְהֹוָה אֱלֹהֵי צְבָאוֹת 2 Sam. V, 10.

2. Ce n'est pas seulement le sujet, mais aussi quelquefois l'objet de l'idée qui se met au génitif. Par ex. si d'un côté Ezéch. XII, 19 : חֲמַס הַיֹּשְׁבִים (littéralement *l'injure des habitans*) sign. l'injure qu'ont faite les habitans, de l'autre, Jug. IX, 24 : חֲמַס בְּנֵי יְרֻבַּעַל *l'injure des fils de Jerubahal*, signifie l'injure faite aux... ; אֵימַת מֶלֶךְ la terreur que le Roi inspire, Prov. XX, 2 ; זַעֲקַת סְדֹם le cri que Sodome fait pousser, Genèse XVIII, 20 ; בְּרִית רִאשֹׁנִים l'alliance traitée avec les ancêtres, Lévit. XXVI, 45. Il en est de même pour le sens des suffixes (qui sont aussi de véritables génitifs), par exemple : נְדָרֶיךָ les vœux que l'on t'a faits, Ps. LVI, 13 ; אַנְחָתָה le gémissement qu'elle fait pousser, Es. XXI, 2. Cette tournure a assez d'affinité avec le latin *metus hostium*.

\* On trouve, Lév. XXVI, 42, un exemple du double génitif, du sujet et de l'objet : בְּרִיתִי יַעֲקֹב mon alliance avec Jacob.

*Note.* La dépendance mutuelle de deux substantifs liés ensemble par l'état construit, est si étroite qu'ils sont censés ne faire qu'une seule idée ; voilà pourquoi le pronom possessif suffixe s'ajoute seulement au second, à celui qui doit être au génitif. Cela a particulièrement lieu dans le cas indiqué sect. XXI, où le génitif tient lieu d'un adjectif, comme הַר קָדְשִׁי *la montagne de ma sainteté*, pour *ma sainte montagne*, Ps. II, 6; אֱלִילֵי כַסְפּוֹ *les Dieux de son argent*, pour *ses Dieux d'argent*, Es. II, 20; XXXI, 7. Très-rarement le suffixe se joint au premier substantif, comme Ezéch. XVI, 27 : דַּרְכֵּךְ זִמָּה *tes voies criminelles*; XVIII, 7; Lév. VI, 5; Ps. LXXI, 7.

# SECTION XXV

## *Du datif.*

Outre les règles communes aux langues les plus connues et à la langue hébraïque, on peut remarquer les suivantes comme particulières à celle-ci :

A la suite des mots הָיָה il a été, יֵשׁ il est, אֵין il n'est pas, le datif sert à exprimer l'idée du verbe *avoir* qui manque en hébreu ; par exemple לִי יֵשׁ, לוֹ יֵשׁ, *j'ai, il a* ; אֵין לָנוּ, אֵין לִי *je n'ai pas, nous n'avons pas.*

2. On met au datif le caractère, la propriété, l'avantage ou le préjudice auxquels on tend, où on arrivera. Ici se rapportent aussi les tournures du genre de 1 Sam. IV, 9 : הֱיוּ לַאֲנָשִׁים *montrez vous hommes* (*soyez à hommes*).

3. Il s'emploie avec les passifs pour indiquer la cause efficiente (sect. XVIII, 3).

\* *NOTE.* Les écrivains postérieurs construisent quelquefois avec לְ, après des verbes qui, chez les anciens Hébreux, régissaient simplement l'accusatif ; p. ex. avec אָכַל *manger*, Thrên. IV, 5 ; הָרַג *égorger*, Job V, 2.

## SECTION XXVI.

### *De l'accusatif.*

Outre les occasions où le verbe régit l'accusatif, et qui sont indiquées, sect. XVII, ce cas s'emploie :

1. Pour déterminer le lieu, *A*) en réponse à la question *vers quel endroit ?* הַשָּׂדֶה (*va*) *dans la campagne*, Gen. XXVII, 3 ; Ps. CXXXIV, 2 : שְׂאוּ יְדֵיכֶם קֹדֶשׁ

élevez vos mains *vers le sanctuaire*; B) à la question *dans, quel endroit?* פֶּתַח *à la porte*, Gen. XVIII, 1; בֵּית אִישָׁהּ *dans la maison de son mari*, Nomb. XXX, 11; Ps. XLII, 3: אֶרְאֶה פְּנֵי אֱלֹהִים *je me présenterai* (devant) *la face de Dieu* (Comp. Es. 1, 12).

\* Dans ces deux cas, et particulièrement dans le premier, fréquemment le ה local et paragogique est attaché au nom placé à l'accusatif; ainsi, בָּבֶלָה *vers Babel* et *dans Babel*; אַרְצָה *vers la terre*, et plus rarement: *sur la terre*.

2. Pour déterminer le temps, par exemple, עֶרֶב *le soir*, Exod. XVI, 6; חֲלַיְלָה *la nuit, cette nuit*; Gen. VII, 4; שֵׁשֶׁת יָמִים *six jours*, Exod. XX, 9.

3. Pour déterminer l'espace, par exemple: חֲמֵשׁ עֶשְׂרֵה אַמָּה *quinze coudées*, Gen. VII, 20.

4. Dans le cas où le grec emploierait la préposition κατα, l'allemand *an, in Betreff*, et le français quelque tournure ou préposition correspondante, mais moins déterminée (*à, dans, par, à l'égard, selon, suivant l'occurrence*). 1 Rois XV, 23 : חָלָה אֶת רַגְלָיו *il était malade à ses pieds*; Genèse XVII, 25 : *car il était circoncis*

אֶת בְּשַׂר עָרְלָתוֹ, *dans* la chair de son prépuce, XLI, 40 : רַק הַכִּסֵּא אֶגְדַּל je serai plus grand (que lui) seulement *par le trône*; Gen. III, 15. Cela arrive encore à la suite d'un autre substantif, par exemple : שְׁנָתַיִם יָמִים après deux ans *de temps*, Gen. XLI, 1 (pour, après l'espace de deux ans); שְׁלֹשָׁה שָׁבֻעִים יָמִים l'espace de trois semaines; Dan. x, 2. 3.

5. Quand le substantif se prend adverbialement. À ce cas peuvent aussi se rapporter de nombreux exemples, que les autres langues rendraient par un ablatif ou par une préposition, sans cependant que celle-ci soit réellement nécessaire. Par ex. Es. VII, 25 : יִרְאַת שָׁמִיר וָשָׁיִת *par* crainte des chardons et des épines; Ezéch. XI, 13 : וָאֶזְעַק קוֹל גָּדוֹל et je criai *à* haute voix.

\* Quelquefois on trouve le sujet de la phrase précédé du signe de l'accusatif אֵת; p. ex., 1 Sam. XVII, 34 : *arrivaient un lion* וְאֵת הַדּוֹב *et un ours*; 2 Rois VI, 5. Cela a aussi lieu dans quelques passifs, Gen. XVII, 5; XXI, 5; XLVI, 20. Ces cas s'expliquent par l'analogie de la langue arabe dans laquelle ils sont beaucoup plus fréquens.

# SECTION XXVII.

## *Construction des noms de nombre.*

1. Depuis 1 jusqu'à 10, les noms de nombre se placent, ou dans l'état construit, devant l'objet compté, lorsqu'ils sont considérés comme substantif (comme *decas*, *trias*), par exemple, שְׁלֹשֶׁת שְׁקָלִים, trois sicles, Lévit. XXVII, 6; שִׁבְעַת יָמִים sept jours. Gen. VIII, 10; ou dans l'état absolu, devant et après le substantif lorsqu'ils sont considérés comme adjectifs, par ex. שְׁלֹשָׁה בָנִים trois fils, Gen. VI, 10; חֲמִשָּׁה אֲנָשִׁים cinq hommes, XLVII, 2; et d'un autre côté, פָּרִים עֲשָׂרָה dix taureaux, XXXII, 16: עָרִים אַרְבַּע quatre villes, Jos. XXI, 29.

\* *Note* 1. On dit, d'après cette règle, indifféremment מֵאָה שָׁנָה, Gen. XVII, 17; et מְאַת שָׁנָה, XXV, 7, cent ans.

2. Il n'y a qu'un très-petit nombre d'exceptions à la bizarre anomalie des noms de nombre, en ce qui concerne le genre (1); p. ex. שְׁלֹשֶׁת נָשִׁים, Gen. VII, 13 (2).

(1) Les noms de nombre, depuis deux à dix, prennent la forme *masculine* s'ils se rapportent à des *féminins*, et

2. Depuis 2 jusqu'à 10, à très-peu d'exceptions près ( par ex. 2 Rois XXII, 1 ); les noms de nombre veulent le pluriel des substantifs auxquels ils se rapportent.

Mais les dizaines ( de 20 à 90 ) veulent, dans la règle, le singulier de ces substantifs s'ils les suivent, et le pluriel s'ils les précèdent. Le premier est le plus fréquent. Par ex. Juges XI, 33 : עֶשְׂרִים עִיר vingt villes; אַרְבָּעִים יוֹם quarante jours, Gen. VII, 12; et par contre אַמּוֹת עֶשְׂרִים vingt coudées, 2 Chron. III, 3; גְּמַלִּים שְׁלֹשִׁים trente chameaux, Gen. XXXII, 16. Exod. XXVII, 11; Esdr. VIII, 35.

* Dans le premier cas, il y a aussi des exemples du pluriel, p. ex., Exod. XXXVI, 24. 25; Lévit. XXVII, 5; 2 Sam. III, 20; Ezéch. XLII, 2 ; mais, dans le second, il n'y en a aucun du singulier; car, 1 Rois VIII, 63, n'en est pas un, puisque בָּקָר exprime une idée collective.

3. Quand un même nombre renferme des féminine s'ils se rapportent à des masculins; voyez tous les exemples rapportés dans cette section. (N. du trad.)

(2) Encore dans cet exemple, si le nom de nombre féminin שְׁלֹשֶׁת s'accorde avec un substantif féminin נָשִׁים, c'est que celui-ci, par une autre bizarrerie, a la forme d'un masculin. (N. du trad.)

unités et des dizaines, le plus souvent le plus petit nombre précède, et le plus grand est lié au plus petit par ו, comme שֶׁבַע וְשִׁבְעִים שָׁנָה *sept et septante ans*; Gen. V, 31. Rarement on trouve le plus grand avant le plus petit, comme Esdr. VIII, 35 (de 11 à 19 le ו manque, et le plus petit nombre est d'ordinaire à l'état construit); alors l'objet compté se place au singulier et à la suite, par exemple, שְׁתַּיִם וְשִׁשִּׁים שָׁנָה 62 ans, Gen. V, 20; ou bien il est répété après chaque nombre, au pluriel après les unités, au singulier après les dizaines ou les nombres supérieurs, par ex. Gen. XII, 4 : חָמֵשׁ שָׁנִים וְשִׁבְעִים שָׁנָה 75 ans; XXIII, 1 : מֵאָה שָׁנָה וְעֶשְׂרִים שָׁנָה וְשֶׁבַע שָׁנִים 127 ans; XXV, 7; XI, 13, 15, 21.

4. Il n'y a aucune forme particulière pour les nombres ordinaux au-dessus de 10; on les exprime par les nombres cardinaux placés en apposition avec l'objet compté, ou placés après lui comme génitif; ainsi בְּשִׁבְעָה עָשָׂר *le dix-septième jour*, Gen. VII, 11; ou בִּשְׁנַת עֶשְׂרִים וָשֶׁבַע *en l'an vingt-sept*, 1 Rois XVI, 10; dans le dernier cas, quelquefois le mot שָׁנָה est répété une seconde fois, par exemple Gen. VII, 11; 2 Rois XIII, 10. On emploie même les nombres cardi-

naux au-dessous de 10, pour la désignation des jours du mois et de l'ordre des années, par ex. בִּשְׁנַת שְׁתַּיִם, בִּשְׁנַת שָׁלוֹשׁ en l'an second, troisième, 1 Rois xv, 25; 2 Rois xviii, 1; בְּאֶחָד לַחֹדֶשׁ, בְּתִשְׁעָה לַחֹדֶשׁ le premier, le neuvième du mois, Lévit. xxiii, 32.

\* NOTE 1. Les noms de nombre n'ont l'article que lorsqu'ils ne sont accompagnés d'aucun substantif, et qu'ils se rapportent à un sujet précédent. הַשְּׁנַיִם les deux, Ecclés. iv, 9. 12; הַשְּׁנֵי עָשָׂר les douze, 1 Chr. xxvii, 15; הַשְּׁלוֹשׁ הָאֵלֶּה ces trois, Deut. xix, 9.

2. Certains substantifs qui expriment des déterminations de mesure ou de temps, sont ordinairement omis après les noms de nombre. P. ex. Gen. xx, 16 : אֶלֶף כֶּסֶף mille (sicles) d'argent (il en est de même avant זָהָב or); Ruth iii, 15 : שֵׁשׁ שְׂעֹרִים six (boisseaux) d'orge; יוֹם manque de la même manière, Gen. viii, 5; חֹדֶשׁ viii, 13.

3. Le nombre des coudées est souvent indiqué comme ceci : מֵאָה בָאַמָּה cent coudées, proprement cent, quant aux coudées, Exod. xxvii, 18.

## SECTION XXVIII.

*Liaison du substantif, en tant que sujet de la phrase, avec l'attribut.*

Après un substantif qui fait le sujet d'une phrase, l'attribut ( non-seulement adjectif, mais aussi verbe ou pronom) doit s'accorder avec lui en genre et en nombre; voilà la règle commune à toutes les langues, mais en hébreu elle souffre plusieurs exceptions qui, pour la plupart, peuvent se réduire à des règles et des cas déterminés.

1. A l'égard du nombre :

*A*) Le *pluriel d'excellence* ayant la signification singulière, veut régulièrement au singulier le verbe et l'adjectif auxquels il se rapporte. par exemple, Gen. I, 1 : בָּרָא אֱלֹהִים *Dieu créa*, comp. Es. xix, 4. אֱלֹהִים seul, fait quelquefois exception, par exemple Gen. xx, 13; xxxv, 7.

*B*) Les mots qui expriment une idée collective se construisent fréquemment avec le pluriel, par ex. Gen. xxxiii, 13 : וּמֵתוּ כָּל־הַצֹּאן *et tout le bétail mourut;* I Sam. xiii, 15 : הָעָם הַנִּמְצָאִים *le peuple qui a été trouvé.* Quelquefois aussi on les trouve, avec le singulier; quelquefois avec tous les deux dans une même phrase, comme Exod. xxxiii, 4 : וַיִּשְׁמַע הָעָם וַיִּתְאַבְּלוּ *le peuple entendit et pleura;* I, 20; XXXIV, 15.

*c)* Il arrive dans d'autres cas encore que le verbe reste au singulier, tandis que son substantif est au pluriel, particulièrement, *AA)* si le pluriel peut être considéré comme distributif et se traduire par *chacun d'eux;* Prov. III, 18: תֹּמְכֶיהָ מְאֻשָּׁר *chacun de ceux qui s'attachent à elle est heureux;* XVIII, 21 : אֹהֲבֶיהָ יֹאכַל פִּרְיָהּ *celui qui l'aime mangera son fruit;* XXVIII, 1. *BB)* Si le verbe précède le substantif, et peut être considéré comme impersonnel; par exemple : יְהִי מְאֹרֹת *qu'il y ait des luminaires;* Gen. I, 14; Ezéch. XIV, 1; Ps. X, 10; comp. la tournure française : *il vient des hommes.* La même chose arrive avec les pronoms qui ( quelquefois entendus d'une manière collective ) restent au singulier, quoiqu'ils se rapportent à un substantif pluriel précédent. Par exemple Deut. XXI, 10 : si tu sors contre *les ennemis* (אֹיְבֶיךָ) et que Dieu *le livre* (נְתָנוֹ) en tes mains; Jos. II, 4; Jér. LI, 13. D'autres fois ce singulier doit être considéré comme un neutre, par ex. Jos. XIII, 14 : Les oblations à l'Eternel הוּא נַחֲלָתוֹ c'est son héritage; 2 Rois III, 3.

2. A l'égard du genre :

Si le verbe ou l'attribut, quel qu'il soit, précède le substantif, il peut ne pas s'accorder avec lui; par ex. 2 Rois III, 26 : חָזַק הַמִּלְחָמָה la bataille s'animait; Juges XXI, 21; 1 Sam. XXV, 27; mais on en trouve aussi des exemples lorsque c'est le substantif qui est placé le premier, Gen. XV, 17; Malach. II, 6; Prov. XII, 27.

Cette irrégularité est assez fréquente avec les pronoms; ainsi les formes masculines אֹתָם Ezéch. XIII, 20, כֶּם XIII, 19, הֵמָּה Ruth I, 22, ם Ex. II, 17, se rapportent à des *féminins*; et les formes féminines אֹת Nomb. XI, 15, הֵנָּה 2 Sam. IV, 6, à des *masculins*.

3. A l'égard du nombre et du genre à la fois :

A) Il arrive quelquefois qu'un nom collectif ne se construit pas d'après sa valeur grammaticale comme substantif, mais d'après sa signification, comme 2 Sam XV, 23 : כָּל־הָאָרֶץ בֹּכִים *tout le pays* (c'est à dire tous les habitans) *pleuraient*; 1 Rois XX, 20 : וַיָּנֻסוּ אֲרָם *et la Syrie* (les Syriens) *fuyaient*; 1 Sam. VI, 13 : בֵּית שֶׁמֶשׁ קֹצְרִים וַיִּשְׂאוּ *et* (et les habitans de) *Beth-*

*semès moissonnaient...., et ils élevèrent;* Jér. XXVIII, 4; Gen. XLVIII, 6. Quelquefois dans la même phrase, la construction se règle tour à tour sur la forme grammaticale et sur le sens du mot collectif; Job I, 15; Nomb. XIV, 1.

B) Quelquefois enfin un verbe au singulier se rapporte à un nom pluriel de genre différent, que, dans ce cas, il précède ordinairement ( comp. 1, C); 1 Rois XI, 3: וַיְהִי לוֹ נָשִׁים *et il avait des femmes;* Job XLII, 15; Ps. XXXVII, 31 : לֹא תִמְעַד אֲשֻׁרָיו *ses pas ne chancelleront point.* On trouvera, Exod. XIII, 7 ы Job XX, 11, des exemples de cette irrégularité, où le verbe est après le substantif.

## SECTION XXIX.

1. Quand deux substantifs sont liés ensemble par l'état construit, l'attribut s'accorde quelquefois en genre et en nombre avec le génitif, au lieu de s'accorder avec le *nom régissant*. Cela a principalement lieu lorsque le nom qui est au génitif renferme l'idée principale, et que le *nom régissant* n'est qu'un adjectif ou un mot presque superflu; par exemple Job XXXII, 7 : רֹב שָׁנִים יֹדִיעוּ *la multitude des années* (les nombreuses années) *feront connaître;* XXIX, 10;

XXXVIII, 21; 2 Sam. x, 9 : הָיְתָה פְנֵי הַמִּלְחָמָה *les faces, les points principaux de la guerre, étaient* ( le fort de la guerre venait de son côté ); Gen. IV, 10; Jér. x, 22.

*Note* 1. Cet accord avec le génitif a presque toujours lieu lorsque le *nom régissant* est כֹּל ( totalité ) duquel dépendent ensuite des noms de nombre; p. ex. וַיִּהְיוּ כָּל־יְמֵי אָדָם *et tous les jours d'Adam furent,* etc., Gen. v, 5 ; Exod. xv, 20.

2. On trouvera, 1 Sam. II, 4, Es. xxi, 17, des exemples de cet accord avec le génitif, qui ne peuvent s'expliquer de la manière indiquée ci-dessus.

2. Quand le sujet et l'attribut sont liés ensemble par un verbe, celui-ci s'accorde quelquefois avec l'attribut, lorsque la phrase pourrait facilement se renverser; Gen. XXVII, 39 : מִשְׁמַנֵּי הָאָרֶץ יִהְיֶה מוֹשָׁבֶךָ *les terres les plus fertiles sera ton habitation* ( ton habitation sera, etc.); XXXI, 8; Ezéch. xxxv, 15.

## SECTION XXX.

Quand plusieurs sujets sont liés ensemble, l'attribut se met plutôt au pluriel, particulièrement quand il est après eux, p. ex. Gen. XVIII, 11 : אַבְרָהָם וְשָׂרָה זְקֵנִים *Abraham et Sara étaient âgés*; VIII, 22; 2 Sam. I, 23. Lorsque l'attribut précède; souvent il s'accorde en genre et en nombre avec le premier, comme le plus voisin; Gen. VII, 7 : וַיָּבוֹא נֹחַ וּבָנָיו *vint Noé et ses fils*, 2 Sam. v, 6; Exod. XII, 1 : וַתְּדַבֵּר מִרְיָם וְאַהֲרֹן *parla Marie et Aaron*; Genèse XXXIII, 6 : וַתִּגַּשְׁןָ הַשְּׁפָחוֹת וְיַלְדֵיהֶן *les esclaves et leurs enfans s'approchèrent.* Mais s'il suit encore un nouveau verbe, alors il est à-peu-près dans tous les cas au pluriel, p. ex., Gen. XXI, 32 : וַיָּקָם אֲבִימֶלֶךְ וּפִיכֹל—וַיָּשֻׁבוּ; XXIV, 61; XXXI, 14; XXXIII, 7; Exod. IV, 29.

\* Toutes ces observations souffrent des exceptions assez nombreuses, pour qu'on ne puisse évidemment prétendre donner à cet égard aucune règle sûre. Que l'on compare Exod. V, 1; Jér. VII, 20; 2 Sam. III, 22; Exod. XXI, 4.

## SECTION XXXI.

*Liaison du substantif & de l'adjectif.*

1. L'adjectif qui se rapporte à un substantif comme épithète doit dans la règle se placer *après* lui et s'accorder avec lui en genre et en nombre, comme אִשָּׁה יָפָה, אִישׁ גָּדוֹל

\* La construction du pluriel d'excellence fait exception, parce qu'elle se règle plus sur le sens que sur la forme, p. ex., אֲדֹנִים קָשֶׁה un maître dur, Es. XIX, 4 ( sect. XXVIII, 1.); voyez un autre, et peut-être le seul autre exemple, 1 Sam. x, 18 : Je vous ai délivré de la main des Egyptiens, וְהַמַּמְלָכוֹת הַלֹּחֲצִים אֶתְכֶם et des royaumes qui vous opprimaient ( לֹחֲצִים est au masculin, parce que l'écrivain, au lieu de מַמְלָכוֹת royaumes, avait l'idée de מְלָכִים rois ). — Si un substantif du *genre commun* a deux adjectifs après lui, l'un peut être au masculin, l'autre au féminin, p. ex., רוּחַ גְּדוֹלָה וְחָזָק un vent grand et fort, 1 Rois XIX, 11.

2. Si l'adjectif est *avant* le substantif, cela indique qu'il n'est pas l'épithète du substantif, mais l'attribut de la proposition, comme Gén. IV, 13: גָּדוֹל עֲוֹנִי mon péché est grand; Ps. XXXIII, 4; Exod. XVIII, 17. Dans ce cas l'adjectif est quelquefois au singulier ( masculin ou féminin ) quoique se rapportant au substantif pluriel, et il doit être considéré comme neutre; p. ex., Ps. CXIX, 137: יָשָׁר מִשְׁפָּטֶיךָ *droit sont tes voies* ( c'est-à-dire, tes voies sont une chose droite ); Ps. LXVI, 3; CXIX, 155.

\* Très-rarement, avec ce sens, l'adjectif se place *après* le substantif, comme Habac. 1, 16 : מַאֲכָלוֹ בְּרִאָה sa nourriture est abondante ( proprement, quelque chose d'abondant ).

Si un adjectif est accompagné d'un substantif qui serve à le déterminer plus exactement, ce substantif se place au génitif, p. ex., יְפֵה תֹאַר *beau d'extérieur, de figure*, Genèse XXXIX, 6; נְקִי כַפַּיִם *pur des mains*, Ps. XXIV, 4 ( comp. les participes, sect. XIV, 1. 2.). Mais les adjectifs verbaux régissent aussi le cas de leurs verbes, p. ex., Deut. XXXIV, 9 : מָלֵא רוּחַ חָכְמָה plein de l'esprit de sagesse.

# CHAPITRE IV.

## SYNTAXE DES PARTICULES.

### SECTION XXXII.

*Adverbes.*

1. Les adverbes peuvent aussi servir à déterminer le substantif, et alors ils prennent la signification d'adjectifs. Dans ce cas ils sont placés : *a* ) comme génitifs après le substantif, p. ex., דְּמֵי חִנָּם le sang innocent, 1 Rois II, 31; צָרַי יוֹמָם des persécuteurs de tous les jours; ou :

En

B) En apposition avec le substantif, au moins sans que celui-ci soit à l'état construct (section XXIV, 1. b), p. ex., דָּם חִנָּם sang innocent, 1 Sam. XXV, 31; אֲנָשִׁים מְעָט peu d'hommes, Néh. II, 12; עֵצִים הַרְבֵּה beaucoup de bois, Es. XXX, 33. C'est ainsi que l'on dit en latin : *ante malorum*, Virg. Æn. I, 198.

2. La répétition d'un adverbe indique tantôt un accroissement d'intensité, tantôt un progrès continu, p. ex., מְאֹד מְאֹד extrêmement, Gen. VII, 19; מַטָּה מַטָּה toujours plus bas, Deut. XXVIII, 43; מְעַט מְעַט peu à peu, Exod. XXIII, 30.

## SECTION XXXIII.

### *Des négations.*

1. La négation לֹא est de beaucoup la plus fréquente et celle qui a l'emploi le plus étendu; elle se place dans toutes les constructions, et exprime toutes les espèces de négations.

2. אַיִן, état constr. אֵין, en est essentiellement différente (originairement c'est un substantif qui signifie : *absence*, *privation*, *non être*, et qui a de l'affinité avec אָן). On doit remarquer sur cette particule :

*A*) Sa valeur est exactement égale à לֹא יֵשׁ, c'est-à-dire qu'elle renferme implicitement le verbe être dans tous ses temps et toutes ses personnes, p. ex. Gen. XXXVII, 29 : אֵין יוֹסֵף בַּבּוֹר Joseph *n'était pas* dans la fosse; Nomb. XIV, 42 : אֵין יְהוָה בְּקִרְבְּכֶם Jehova *n'était point* au milieu d'eux.

*B*) Lorsque des pronoms personnels font le sujet de la proposition, ils peuvent s'attacher comme suffixes au mot אֵין; ainsi, אֵינֶנִּי je ne suis, je n'étais, je ne serai pas; אֵינֶנּוּ, אֵינָם etc.

*C*) Si l'attribut de la proposition est un verbe, ce verbe se place presque constamment au participe (parce que le verbe *être* est toujours sous-entendu dans אֵין; Exod. V, 16 : תֶּבֶן אֵין נִתָּן *la paille ne sera pas étant donnée* ( on ne donnera point de paille); ℣. 10 : אֵינֶנִּי נֹתֵן je ne donne pas ( littéralement *je ne suis pas donnant* ); VIII, 17; Deut. I, 32.

*D*) Comme יֵשׁ indique la présence ou l'existence, אֵין indique le contraire, l'absence ou le néant. אֵינֶנּוּ il n'était ( plus ), c'est-à-dire : il ne vivait plus, Genèse V, 24. XLII, 13; פֶּתֶר אֵין אֹתוֹ *et l'interprète de lui* ( du songe ) *n'était pas*, c'est-à-dire, personne ne l'interprétait, Gen. XLI, 15; ( L'idée de *personne ne* est donc le plus souvent exprimée de la sorte, Jos. VI, 1. Lévit. XXVI, 6).

3. אַל se place, de beaucoup le plus souvent, avant les futurs pour indiquer une défense ou un avertissement ( sect. VIII, 3. C *); s'il exprime plutôt la prière ou le désir que quelque chose n'ait pas lieu, la particule נָא est liée avec lui, par exemple : אַל־נָא תַעֲבֹר ne passez point au-delà, je vous prie, Gen. XVIII, 3.

4. בַּל *non, que non* et בְּלִי sont plus rares; le premier se rencontre seulement dans les écrits poétiques. בִּלְתִּי se place plutôt devant les infinitifs, et presque toutes les fois que l'infinitif doit être accompagné d'une préposition négative, par exemple : לֶאֱכֹל de manger, לְבִלְתִּי אֲכָל de ne pas manger, Gen. III, 11 ; לְהַכּוֹת pour frapper, לְבִלְתִּי הַכּוֹת pour ne pas frapper, Gen. IV, 15.

* *Note* 1. Plusieurs négations, et לֹא en particulier, peuvent se lier étroitement avec des adjectifs et des substantifs, et les rendre négatifs ( comme l'allemand *ohne, un* ); לֹא חָסִיד sans miséricorde, Ps. XLIII, 1; בְּלִי־שֵׁם sans nom, ou sans honneur, Job XXX, 8; אֵין כֹּל et לֹא כֹל pas un, absolument point; Gen.

III, 1 : לֹא תֹאכְלוּ מִכֹּל עֵץ הַגָּן vous ne pourrez manger *d'aucun* fruit du jardin; Eccl. 1, 9 : אֵין כָּל־חָדָשׁ תַּחַת הַשֶּׁמֶשׁ il n'y a *absolument* rien de nouveau sous le soleil; Gen. XXXIX, 23; Juges XIII, 4.

2. Deux négations, dans la même phrase, ne se détruisent pas comme en latin; au contraire, elles sont censées donner plus de force. P. ex., Exod. XIV, 11 : הֲמִבְּלִי אֵין קְבָרִים בְּמִצְרַיִם est-ce qu'il n'y avait point de tombeaux en Egypte ? Soph. II, 2 : בְּטֶרֶם לֹא יָבֹא avant que (le jour de l'Eternel) vienne sur vous; Jér. X, 6. 7.

3. Lorsque deux propositions négatives (particulièrement dans le style poëtique) se suivent l'une l'autre, la première seule exprime la négation, et dans la 2.ᵉ il faut la sous-entendre; 1 Sam. II, 3 : ne parlez pas avec trop d'orgueil, יֵצֵא עָתָק מִפִּיכֶם que (*rien*) de dur (*ne*) sorte de votre bouche; Job III, 10; XXVIII, 17; XXX, 20; Es, XXIII, 4; XXVIII, 27.

## SECTION XXXIV.

*Des mots interrogatifs.*

1. Lorsqu'il y a la double interrogation : *an-utrum? Est-ce que... ou si...?* on emploie chaque fois הֲ, ou la seconde on le remplace par אִם, Nomb. XIII, 20; 1 Rois XXII, 15 : הֲנֵלֵךְ אִם נֶחְדָּל irons-nous ou abandonnerons-nous ?

2. Le mot interrogatif peut manquer entière-

ment, par ex. 2 Sam. XVIII, 29 : שָׁלוֹם לַנַּעַר *paix à l'enfant* (l'enfant se porte-t-il bien)? Gen. XXVII, 24 : אַתָּה זֶה עֵשָׂו בְּנִי tu es mon fils Esaü? Job I, 10; 1 Sam. XXX, 8.

3. Dans le langage ordinaire, plusieurs mots interrogatifs perdent leur signification interrogative, et deviennent simplement des affirmations ou des négations. C'est en particulier le cas de הֲלֹא *nonne?* qui s'emploie fréquemment pour *ecce, voici, oui!* Prov. XXII, 20; XIV, 22; Deut. XI, 30. Par contre הֲ se rencontre avec la signification négative; par exemple Amos V, 25; 2 Sam. VII, 5 : הַאַתָּה תִּבְנֶה לִּי בַיִת, avec le même sens de refus qu'en français : *Me bâtirais-tu une maison?* Et dans l'endroit parallèle, 1 Chron. XVII, 4 : לֹא אַתָּה תִּבְנֶה לִּי בָיִת, la négation est exprimée à la manière ordinaire : *Tu ne me bâtiras point* de maison. De la même manière אִם peut avoir la signification affirmative ( en tant que comme הֲ il peut signifier aussi *nonne*, n'est-ce pas? Par exemple Job XXXIX, 13 (16) : אִם אֶבְרָה חֲסִידָה וְנֹצָה n'est-ce pas l'aile et le plumage de la cigogne? La vulgate traduit sans interrogation : *similis est pennis herodii.* Comp. XVII, 13. 16; XIX, 5; Os. XII, 12; Jér. XXXI, 20. Il

en est de même de הַאִם Job vi, 13, etc. Chez les écrivains postérieurs à Moïse, en particulier, מָה s'emploie aussi comme négation, par ex. Cant. viii, 4 : מַה־תָּעִירוּ *pourquoi éveillez-vous ?* c'est-à-dire, et du ton du reproche : n'éveillez pas. Il en est de même Prov. xx, 24. On trouvera, Job xxxi, 1, le mot מָה placé de manière à nous éclairer sur l'origine de cette signification.

## SECTION XXXV.

### *Prépositions.*

1. Lorsque plusieurs prépositions sont réunies ensemble, souvent la signification de la première se perd absolument; par ex. לְמִן équivaut à מִן, Exod. ix, 18; מֵעַל, à עַל Esth. iii, 1; Ps. cviii, 5.

2. Les prépositions préfixes, particulièrement בְּ sont quelquefois omises dans le langage poétique, et doivent être sous-entendues. A la vérité, parmi les exemples de cette irrégularité, on en a produit plusieurs où il ne faut point voir une ellipse de cette espèce, mais un simple accusatif ( sect. XXVI, particulièrement n.° 5 ); mais il en est d'autres qui ne peuvent s'expliquer au-

trement, et dont l'ellipse est d'ailleurs confirmée par l'analogie du n.° 3 ; par ex. Ps. CXLII, 2; Ps. LX, 7 : הוֹשִׁיעָה יְמִינְךָ sauve *avec* ta droite, pour בִּימִינְךָ ; CVIII, 7 ( comp Es. XLI, 10 ); Prov. XXVII, 7 : נֶפֶשׁ רְעֵבָה כָּל־מַר מָתוֹק *à* l'ame affamée, tout morceau amer paraît doux, pour לְנֶפֶשׁ, XIII, 18 ; XIV, 22.

3. Ordinairement בְּ disparaît après la conjonction כְּ, comme Es. IX, 3 : כְּיוֹם מִדְיָן, pour כְּבְיוֹם מִדְיָן comme *au* jour de Madian ; I, 25 : כַּבֹּר pour כְּבְבֹר comme *avec* le savon ; Amos IX, 11 : כִּימֵי עוֹלָם comme *aux* jours d'autrefois.

4. Quelquefois aussi il faut sous-entendre une préposition qui précède. Par ex. Job XXX, 5 : יָרִיעוּ עָלֵימוֹ כַּגַּנָּב ils criaient après lui comme *après* un voleur, pour כְּמוֹ עַל גַּנָּב ; XXXIV, 10 : ( וּלְשַׁדַּי ) חָלִלָה לָאֵל מֵרֶשַׁע וְשַׁדַּי מֵעָוֶל (pour *loin* de Dieu toute injustice, et ( *du* ) Tout-Puissant toute iniquité ! ( Nous avons vu, sect. II, 1, quelque chose d'analogue à cette règle. ) Quelquefois même la préposition exprimée dans le second membre, doit être sous-entendue dans le premier, p. ex., מִן, Job XXXIII, 17.

\* *Note.* Il y a dans l'emploi du בּ un idiotisme qui a besoin d'un éclaircissement particulier. Quelquefois, dans des phrases affirmatives, il se place devant l'attribut, et alors les grammairiens le nomment *Beth essentiæ*, parce qu'il ne peut être conservé dans la traduction. P. ex. Exod. xxxii, 22 : Tu connais ce peuple, tu sais כִּי בְרַע הוּא, qu'il est méchant ; Os. xiii, 9 : כִּי בִי בְעֶזְרֶךָ *car en moi* (est) *ton secours* ; Ps. cxlvi, 5 ; Job xxiii, 13. Cela est encore plus fréquent en arabe.

## SECTION XXXVI.

### Conjonctions.

1. Les langues riches en conjonctions sont les seules qui puissent donner naissance à un style périodique. La langue hébraïque qui, il est vrai, n'a pas la moindre prétention à cet honneur, n'a qu'un très-petit nombre de mots destinés à lier les idées; encore n'emploie-t-elle pas à propos ceux qu'elle possède. Les hommes simples et grossiers qui formèrent cette langue à son origine, s'aperçurent bien qu'une liaison était nécessaire entre plusieurs sujets ou plusieurs propositions, mais ils ne surent pas se rendre compte de la nuance particulière qui devait caractériser chacune de ces liaisons. Ils exprimèrent la plus grande

partie de ces rapports par une même conjonction devenue habituelle ( principalement le *et*, si général dans l'A. T.), et une fois l'habitude prise, les Hébreux conservèrent cette incorrection et cette négligence dans la manière de lier les idées, lors même que plusieurs particules ayant reçu une signification plus restreinte et plus déterminée, furent ainsi devenues des conjonctions exactes et appropriées aux besoins de la langue.

2. Par là s'explique la multiplicité des significations que quelques particules ont réellement, ou du moins qu'on est obligé de leur donner quand on veut faire passer les livres hébreux dans des langues plus exactes et plus périodiques. Nous indiquerons seulement ici quelques-uns des emplois du vau copulatif, les plus fréquens ou les plus bizarres.

\* וְ, וַ signifie : 1) et, aussi, à la vérité ; 2) mais, cependant ; 3) car ; 4) afin que, *ut* ; 5) au commencement du second membre d'une phrase, il indique seulement la dépendance de ce qui précède ( v. les exemples sect. xxviii ), et après une question il indique aussi quelquefois simplement la réponse, p. ex. Job xxviii, 20. 21 : Mais la sagesse d'où vient-elle ? Où est la demeure de l'intelligence ? Elle est cachée ( וְנֶעֶלְמָה ); 6) or, savoir ( dans le but d'expliquer ou d'éclaircir ), 1 Sam. xxviii, 3 ; 7) comme, lorsque deux idées comparées l'une à l'autre sont réunies ensemble sans autre intermédiaire, Job v, 7; xii, 11; xiv, 18. 19.

3. L'hébreu manque en particulier des conjonctions qui, dès la première phrase, font sentir le rapport avec la seconde, p. ex. *comme*, *après que*, *quand*, ou du moins elles sont le plus souvent omises, et les deux phrases ne sont liées que par *et*; Gen. xix, 3 : Ils vinrent dans sa maison, et il leur fit, pour : *Quand* ils furent venus, etc. Prov. xi, 2 : La fierté vient, *et* l'humiliation vient, pour : *Si* la fierté vient, *alors aussi* l'humiliation vient.

Les conjonctions doubles et qui se correspondent mutuellement sont : וְ—וְ et גַם—גַם qui signifient *et—et, autant—que; —et aussi;* כְּ—כְּ *comme—comme, —aussi bien que;* אִם—אִם *ou—ou*.

5. Les conjonctions qui signifient *que*, *afin que* régissent le futur (en lui donnant le sens conjonctif), pourvu qu'elles puissent avoir une autre signification (et que le futur soit par conséquent nécessaire pour prévenir une équivoque); elles peuvent cependant aussi régir le prétérit. (Sect. viii, 3. *A.*)

6. La conjonction אִם (*si*) se place au commencement d'un serment comme négation, et אִם לֹא (*si non*), comme affirmation. Cant. ii,

7 : je vous adjure, אִם תָּעִירוּ *ne réveillez pas*; Jos. XIV, 9 : Et Moïse jura en ces termes : אִם לֹא הָאָרֶץ לְךָ תִהְיֶה *certainement le pays sera à toi*. Cette bizarrerie résulte de l'ellipse d'une formule qui est quelquefois exprimée et de différentes manières, p. ex., כֹּה יַעֲשֶׂה לִי אֱלוֹהִים וְכֹה יוֹסִיף *que l'Eternel me traite toujours de la même manière*, אִם *si*, *que*, etc. comp. 1 Sam. XXIV, 7. La même ellipse doit aussi être supposée, lorsque אִם est précédé d'une formule de serment avec laquelle ce mot se lie mal, comme serait חֵי נַפְשְׁךָ, חֵי יְהוָה.

## SECTION XXXVII.

*Interjections*.

Les interjections ne semblent susceptibles d'aucune construction. Cependant elles peuvent être liées avec des substantifs au datif, à l'accusatif ou au vocatif, quand elles indiquent une menace, un sentiment douloureux ou un appel, p. ex., אוֹי לָנוּ *malheur à nous!* 1 Sam. IV, 8; הָהּ לַיּוֹם *malheur au jour!* Ezéch. XXX, 2 (Jér. XLVIII,

ז, l'interjection est suivie de אֶל, et L, 27, de עַל ); 1 Rois XIII, 30 : הוֹי אָחִי hélas! mon frère! Juges VI, 22 : אֲהָהּ אֲדֹנָי אֱלוֹהִים ah! Seigneur Dieu!

FIN DE LA SYNTAXE.

# ADDITIONS ET CORRECTIONS.

Page 7, n.° 14, à la fin :

Les trois schevas composés sont donc analogues aux trois sons vocaux ( n.° 7 ), et aux trois classes de voyelles ( n.° 11 ).

Page 9, ligne 7 : *ne se prononce point*, ajoutez : du moins en redoublant la lettre ( car il peut, même alors, altérer dans certains cas sa prononciation : n.° 19 ).

L. 8 : *caractéristique*, ajoutez : et peut-il être négligé sans inconvénient. Dans la suite de cette grammaire, nous ne parlerons du dagesch que dans les cas où il redouble la lettre, et où il entre par conséquent dans le caractère d'une forme.

L. 16 : *des lettres* ב et פ, ajoutez : quelles que soient leur place et leur position.

Page 11, n.° 25, à la fin :

Le soph-pasuk n'est pas proprement un accent, mais il est toujours précédé de l'accent *silluc* qui termine le verset.

Au reste nous n'avons indiqué ici que ceux de ces accens suspensifs qui sont le plus fréquemment employés.

Page 13, l. 6 : בֹּקֶר, lisez : בֹּקֶר.

Page 18, l. 2 : *imparfaits. N. B.* L'expression d'*imparfaits* doit être préférée à celle d'*irrégu-*

*liers*, parce que, loin d'être irréguliers, la plupart de ces verbes sont soumis à des règles très-réelles et très-constantes ( n.º 160*), mais qui résultent d'une *imperfection* dans leur forme radicale.

L. 22 : *l'impératif*. *N. B.* L'impératif manque dans plusieurs espèces passives.

Page 26, l. av. dern. : *se forme comme dans le kal de*, etc., lisez : se forme, comme dans le kal, de, etc.

Page 30, l. 7 : פְּקַדְנוּ, lisez : פְּקַדְנוּ.

Page 32, n.º 83. *N. B.*

Au puhal et à l'hophal cependant, le participe semble disposé à allonger le patach de la 2.ᵉ radicale de l'infinitif ; et l'on dit מְפָקָד, מָפְקָד, plutôt que מָפְקַד מְפֻקַד, quoique ces dernières formes aient aussi quelques autorités pour elles.

Page 40, l. 9 : מִתְפַּקְדָה, lisez : מִתְפַּקֶּדֶת.

—— 53, l. 2 : הֲסִבִינַת, lisez : הֲסִבִינָה.

Page 60, n.º 140. *N. B.*

L'hithpahel prend quelquefois la 1.ʳᵉ radicale י en dépit de la règle n.º 132, parce que, formé de l'infinitif pihel, il a dû souvent conserver le י qui se retrouve toujours dans le pihel ( n.º 137 ).

Page 62, l. 8 : *est régulier*, ajoutez : avec les restrictions énoncées n.º 132 et 140.

L. 12 : וֹ, lisez וֹ.

Page 79, l. 7 : גָּלִיתָ, lisez : גָּלִיתָ.

—————— גְּלִיתֶם גְּלִיתֶן, lisez : גְּלִיתֶם גְּלִיתֶן.

L. 8 : גָּלִיתִי, lisez : גָּלִיתִי.

Page 80, l. 2 : נִגְלֵיתָ, lisez : נִגְלֵיתָ.

—————— נִגְלֵיתֶם נִגְלֵיתֶן, lisez : נִגְלֵיתֶם נִגְלֵיתֶן.

L. 3 : נִגְלֵיתִי, lisez : נִגְלֵיתִי.

Page 120, l. 11 : רָעֵב, lisez : רָעֵב.

—— 131, l. 11 : שְׁנֵי עָשָׂר, lisez : שְׁנֵי עָשָׂר.

—— 134, l. 15 : שְׁבָרְךָ, ajoutez : et שְׁבָרְךָ.

—— 144, l. 10 : רִיאָה, lisez : יְרֵאָה.

—— 145, l. 23 : וַיֹּאמֶר, lisez : וַיֹּאמֶר.

—— 156, l. dern. : אַדִּיר, lisez : אַדִּיר.

—— 194, l. 19 : בְּהִבָּרְאָם, lisez : בְּהִבָּרְאָם.

—— 196, l. 3 avant la fin : dans ce paragraphe, *lisez* : dans cette section.

Page 205, l. 4 : מְשַׁדֵּד, lisez : מְשַׁדֵּד.

—— 208, l. 14 : הַדּוֹרֵךְ, lisez : הַדּוֹרֵךְ.

# TABLE.

| | |
|---|---|
| PRÉFACE. | Page v |
| AVERTISSEMENT. | x |
| CHAP. I. *Signes élémentaires*. | 1 |
|    Section 1. *Des lettres de l'alphabet.* | ibid. |
|    Section 2. *Des points voyelles.* | 5 |
|    Section 3. *Des signes auxiliaires.* | 8 |
|    Section 4. *Des syllabes.* | 12 |
|    Appendice. *Exercices de lecture.* | 13 |
| CHAP. II. *Du pronom séparé.* | 15 |
| CHAP. III. *Du verbe parfait.* | 17 |
|    Section 1. *De l'Espèce primitive, dite* Kal. | 20 |
|    Section 2. *De la 2.ᵉ Espèce, 1.ʳᵉ dérivée, dite* Niphal. | 25 |
|    Section 3. *De la 3.ᵉ Espèce, 2.ᵉ dérivée, dite* Pihel. | 28 |
|    Section 4. *De la 4.ᵉ Espèce, 3.ᵉ dérivée, dite* Puhal. | 32 |
|    Section 5. *De la 5.ᵉ Espèce, 4.ᵉ dérivée, dite* Hiphil. | 34 |
|    Section 6. *De la 6.ᵉ Espèce, 5.ᵉ dérivée, dite* Hophal. | 37 |
|    Section 7. *De la 7.ᵉ Espèce, 6.ᵉ dérivée, dite* Hithpahel. | 38 |
|    Section 8. *Observations générales.* | 42 |
| CHAP. IV. *Des verbes imparfaits.* | 43 |
|    DIVISION I. *Des verbes plurilittères.* | ibid. |
|    DIVISION II. *Des verbes défectifs.* | 45 |
|      Section 1. *Des verbes défectifs de la 1.ʳᵉ radicale.* | ib. |

Section 2. *Des verbes défectifs de la* 2.ᵉ*, ou géminés.* Page 47

Section 3. *Des verbes défectifs de la* 3.ᵉ *radicale.* 54

DIVISION III. *Des verbes quiescens.* 56

Section 1. *Verbes quiescens de la* 1.ʳᵉ *radicale.* ib.
  I. *Quiescens* 1.ʳᵉ א. ib.
  II. *Quiescens* 1.ʳᵉ י. 57

Section 2. *Verbes quiescens de la* 2.ᵉ *radicale.* 62
  I. *Quiescens* 2.ᵉ ו. ib.
  II. *Quiescens* 2.ᵉ י. 70

Section III. *Verbes quiescens de la* 3.ᵉ *radicale.* 72
  I. *Quiescens* 3.ᵉ א. ib.
  II. *Quiescens* 3.ᵉ ה. 74

DIVISION IV. *Verbes doublement imparfaits.* 83

DIVISION V. *Affinité des verbes imparfaits.* 84

CHAP. V. *Du nom.* 86

Section 1. *De la forme absolue.* ib.
  I. ( Racines ou dérivés. ) ib.
  II. ( Simples ou allongés. ) 90
  III. ( Parfaits ou imparfaits. ) 91

Section 2. *Changemens de forme des noms.* ib.
  I. ( Genres. ) 92
  II. ( Nombres. ) 94
  III. ( Etat construit. 96

Section 3 ou Appendice. *Des particules séparées.* 97

CHAP. VI. *Des affixes.* 99

Section 1. *Des préfixes.* ib.
  I. ( Article. ) 100
  II. ( Pronom. ) 101
  III. ( Prépositions. ) ib.
  IV. ( Conjonction. ) 102

| | |
|---|---|
| Section 2. *Des suffixes.* | Page 105 |
|    I. ( Préposition. ) | ib. |
|    II. ( Pronoms. ) | ib. |
|       A. ( Tableau. ) | 106 |
|       B. ( Voyelles introduites. ) | 107 |
|       C. ( Changemens causés. ) | 110 |
|    III. ( Paragoges. ) | 113 |
| CHAP. VII. *Changemens des voyelles.* | 116 |
|    Section 1. *Changemens dus à l'allongement du mot.* | 117 |
|    Section 2. *Changemens dus à des causes spéciales.* | 121 |
| CHAP. VIII. *Tableaux et exemples.* | 123 |
|    1.<sup>er</sup> Tableau. *Verbes avec des gutturales.* | 124 |
|    2.<sup>e</sup> Tableau. *Modifications des noms.* | 126 |
|    3.<sup>e</sup> Tableau. *Noms de nombre.* | 130 |
|    4.<sup>e</sup> Tableau. *Suffixes avec les noms.* | 132 |
|    5.<sup>e</sup> Tableau. *Suffixes avec les verbes.* | 133 |
| FRAGMENS. | 137 |
|    1.<sup>er</sup> Fragment. Genèse XLV, 25-28. | ibid. |
|    Traduction. | ibid. |
|    Analyse. | 138 |
|    2.<sup>e</sup> Fragment. Pseaume XCIII. | 147 |
|    Argument. | ibid. |
|    Traduction. | 149 |
|    Analyse. | 150 |
| SECONDE PARTIE. *SYNTAXE.* | 161 |
| CHAP. I.<sup>er</sup> *De l'article et du pronom.* | 163 |
|    Section 1. *Emploi de l'article.* | ibid. |
|    Section 2. *Emploi du pronom personnel.* | 167 |
|    Section 3. *Emploi du pronom relatif.* | 170 |
|    Section 4. *Pronom démonstratif et interrogatif.* | 173 |

Section 5. *Pronoms pour lesquels la langue hébraïque n'a pas de mot.* Page 174

CHAP. II. *Syntaxe du verbe.* 177
   Section 6 *Emploi des temps. En général.* ibid.
   Section 7. *Emploi du prétérit.* 179
   Section 8. *Emploi du futur.* 183
   Section 9. *Emploi de l'infinitif. En général.* 187
   Section 10. *Infinitif absolu.* 188
   Section 11. *Cas de l'infinitif. Infinitif avec préposition.* 193
   Section 12. *Construction de l'infinitif avec le sujet et l'objet.* 197
   Section 13. *Construction de l'impératif.* 199
   Section 14. *Du participe.* 200
   Section 15. *De l'optatif.* 205
   Section 16. *Personnes du verbe.* 207
   Section 17. *Verbes avec l'accusatif.* 209
   Section 18. *Verbes suivis de prépositions.* 213
   Section 19. *Emploi des verbes avec le sens d'adverbes.* 216
   Section 20. *Construction prégnante.* 217

CHAP. III. *Syntaxe du nom.* ibid.
   Section 21. *Emploi des substantifs à la place des adjectifs.* ibid.
   Section 22. *Répétition des noms.* 221
   Section 23. *Emploi des cas. Nominatif.* ibid.
   Section 24. *Du génitif.* 223
   Section 25. *Du datif.* 225
   Section 26. *De l'accusatif.* 226
   Section 27. *Construction des noms de nombre.* 229

Section 28. *Liaison du substantif, en tant que sujet de la phrase, avec l'attribut.* Page 233

Section 29. 236

Section 30. 237

Section 31. *Liaison du substantif et de l'adjectif.* 238

CHAP. IV. *Syntaxe des particules.* 240

Section 32. *Adverbes.* ibid.

Section 33. *Des négations.* 241

Section 34. *Des mots interrogatifs.* 244

Section 35. *Prépositions.* 246

Section 36. *Conjonctions.* 248

Section 37. *Interjections.* 251

Additions et corrections. 253

FIN DE LA TABLE.

www.ingramcontent.com/pod-product-compliance
Lightning Source LLC
Chambersburg PA
CBHW050331170426
43200CB00009BA/1545